何 琪/著

权力感与风险决策
基于得失框架的实验研究

目　录

第一章　绪论 ………………………………………………………… 1
　第一节　研究背景 ………………………………………………… 1
　第二节　研究目的 ………………………………………………… 4
　第三节　研究意义 ………………………………………………… 6

第二章　文献综述 …………………………………………………… 9
　第一节　权力感及相关理论 ……………………………………… 9
　第二节　风险决策及相关理论 …………………………………… 25
　第三节　得失框架的提出与相关研究进展 ……………………… 44
　第四节　权力感对风险决策的影响 ……………………………… 47

第三章　研究构思与假设 …………………………………………… 65
　第一节　本研究拟探讨的主要问题及相关假设 ………………… 65
　第二节　研究的逻辑与框架 ……………………………………… 69

第四章　预研究 ……………………………………………………… 72
　第一节　因变量研究方法选取 …………………………………… 72
　第二节　风险决策问卷的形成 …………………………………… 78
　第三节　权力感的测量与操纵方法 ……………………………… 81
　第四节　权力感操纵方法检验 …………………………………… 85

第五章　得失框架下权力感对风险决策的影响 …… 91
第一节　概述 …… 91
第二节　得失框架下职位权力对风险决策的影响 …… 93
第三节　得失框架下特质权力感对风险决策的影响 …… 96
第四节　得失框架下（启动的）权力感对风险决策的影响 …… 101
第五节　讨论 …… 105
第六节　小结 …… 109

第六章　得失框架下权力感影响风险决策的调节变量研究
…… 110
第一节　概述 …… 110
第二节　得失框架下权力感对风险决策的影响：权力动机的调节作用 …… 112
第三节　得失框架下权力感对风险决策的影响：权力稳定性的调节作用 …… 118
第四节　讨论 …… 124
第五节　小结 …… 126

第七章　得失框架下权力感影响风险决策的中介变量研究
…… 127
第一节　概述 …… 127
第二节　预实验：权力感与损失厌恶的关系 …… 128
第三节　得失框架下权力感对风险决策的影响：损失厌恶的中介作用 …… 131
第四节　讨论 …… 136
第五节　小结 …… 138

第八章　结论与展望 ········· 139
第一节　总讨论 ········· 139
第二节　研究结论 ········· 146
第三节　本研究的创新之处 ········· 147
第四节　研究局限及展望 ········· 149

参考文献 ········· 155

附录 ········· 179

后记 ········· 189

第一章 绪 论

第一节 研究背景

生活中充满了选择,我们总是在做决定。决策行为与人类生活息息相关,从个体的择校择业、婚恋嫁娶,组织的战略定位、技术创新,到社会的政策制定、发展方向,各种判断和选择渗透在人类行为的方方面面。

在学术研究领域,"人类如何进行决策"已经成为近几十年来经济学、行为科学、心理学和神经科学等学科极为关注的重大科学问题。美国科学院(National Academy of Science,NAS)指出:"没有哪项基础科学能比'了解人类如何思维、解决问题、做出决定,如何改进我们解决问题和制定政策的能力'更有前景和重要了。"美国心理学会(American Psychological Association,APA)甚至把决策列为21个对社会有重大影响的心理学研究领域之一(李纾,2016)。

从历史发展看,中国传统决策思想源远流长,自古就有"龟策""策问""决策"等用法。关于决策的思想更是散落在各类经史子集文献中,如《六韬》《三略》《孙子兵法》《韩非子》《三十六计》《史记》《资治通鉴》《二十四史》等,广博深邃的决策思想可见一斑。这种决策思想对于丰富和发展现代决策理论的内容,为现代决策理论研究奠定了良好的基础。西方科学理论的发展开启了现代决策理论研究的大门,19世纪博弈论的发展萌发了现代决策理论的研究。20世纪中叶,数学上的重大突破催生了现代效用理论,兴起了对现代决策理论研究的热潮,20世纪六七十年代,认知心理学的快速发展促进了现代决策理论研究的大发展。研究者们对人类决策行为开展了内涵丰富、包罗万象的研究。

其中,风险决策是对人类生存和繁衍至关重要的决策行为之一,也是吸引无数经济学家、数学家、心理学家关注和思考,并成为不同学术研究领域共同关注的重要研究内容。人类生活在充满不确定的世界里,科学技术的进步和经济社会的发展,加剧了各种未知、风险和不确定性,如何在不确定的情境中做出科学的判断和理性的决策备受瞩目。2009年《自然》杂志刊登《为未知做好准备》的社论,呼吁科学界要充分应对未来不确定性的挑战(李纾,2016)。中国的发展也进入了各种风险挑战不断积累甚至集中显露的时期,各种黑天鹅①和灰犀牛②事件层出不穷,如何应对风险并有效做出决策是我们得以存在和发展的重要前提。

已有研究基本上形成了两条泾渭分明的研究路线:一是在运筹学、控制论、信息论等领域,以数学为基本工具,以风险决策技术为重点的定量研究路径;二是在心理学、社会学、组织理论等领域,注重考查风险决策过程中的心理机制和影响因素,关注决策者的个性、动机、情绪等因素对风险决策影响的描述性研究路径(庄锦英,2006)。本研究遵从第二条研究路径,主要关心风险决策背后的心理过程和影响因素。

在心理学研究领域中,已有大量研究探讨了诸如情绪、自尊、风险认知等心理和人格因素对风险决策的影响。权力作为人类社会所有关系的基本动力之一,在它的影响下个体的风险决策行为会有怎样的规律?近几十年来引起了心理学研究者浓厚的兴趣和关注。

从实践来看,"领导就是决策,管理就是沟通"。决策行为是领导活动的核心,也是评价领导效能的关键。在实际工作中,领导者每天需要面对各种复杂多变的决策情境,为组织定夺各种决定,决策质量的高低直接关系着组织的兴衰成败。研究表明,当一个人居于领导地位,领导者与追随者关系中的内在结构因素——权力差异——能使人在心理功能方面发生变化(Fiske, 1993; Galinsky, Gruenfeld, & Magee, 2000, 2003; Keltner, Gruenfeld, & Anderson, 2003; Kipnis, 1972)。这种变化使得当一个人成为领导者的过程中,在如何看待其工作、自己、他人以及如何行动等方面都会随之而变。可以说,领导者的行为表现不能仅仅归因于其个性或角色要

---

① 指出乎意料发生的小概率高风险事件,一旦发生影响足以颠覆以往任何经验,具有不可预测性。
② 比喻大概率高风险事件,该类事件一般指问题很大、早有预兆,但没有得到足够重视,从而导致严重后果的问题或事件。

求,还应该归因于权力的体验及其心理效应。古今中外,领导者恃权而为、滥用职权等现象屡屡发生(Kipnis,1976)。权力感究竟是如何影响领导者的心理活动和决策判断的,吸引学者们深入思考和研究。

20世纪50年代,国外学者开始将权力感引入心理学研究范畴。近20年来,心理学家们不断尝试从多个角度探讨权力感对个体行为的影响及其机制。其中,权力感对风险决策心理影响的研究受到了越来越多的关注(Fiske,1993;Guinote,2007;Keltner et al.,2003;Magee & Smith,2013;Maner,Gailliot,Butz, & Peruche,2007)。以往研究得到了很多不一致的结果,尽管众多研究发现高权力者在风险决策中更偏爱冒险(Anderson & Galinsky,2006;Galinsky,Gruenfeld, & Magee,2003;Keltner et al.,2003),但也有研究发现高权力者在风险决策中更偏爱保守(Tetlock,2002;Winter & Barenbaum,1985)。研究者运用不同理论对相关研究现象进行了解释,如权力的接近—抑制理论、情境聚焦理论、社会距离理论等。其中最具代表性的理论即接近—抑制理论,认为高权力往往激活人们的行为接近系统,使其关注奖励,进而引发与奖赏相关的冒险行为;而低权力往往激活人们的行为抑制系统,使其关注威胁,进而引发与惩罚相关的保守行为(Keltner,Gruenfeld & Anderson,2003)。

事实上,权力感与风险决策的关系,还会受到决策者所处的情境、权力是否稳定等各种因素的影响。已有研究更多关注权力感高低对风险决策结果的影响,较少关注权力感的其他维度,如动机、稳定性等调节变量对风险决策结果的影响。心理学的相关研究验证了调节变量对权力效应的影响,甚至发现相关研究结果在有调节变量介入后发生反转的现象。已有研究发现,只有当权力是不受监督和极易获取时才会发生自我中心的偏见,而当组织目标、组织文化和领导价值是以大众为中心的时候,自我中心偏见消失,组织和团队会首先受益(Chen,Lee-Chai, & Bargh,2001)。Maner和Mead研究发现,不稳定的权力导致高权力者向团队隐瞒有价值的信息,但是当团队处在与外部环境竞争态势时,这些利己主义行为却消失殆尽。由此,Galinsky等人提出,为了更准确地描绘权力效应,今后要加强调节变量对权力效应的研究。因此,本研究将在分析权力感对风险决策影响的基本规律基础上,把权力动机和权力稳定性等因素作为调节变量加入研究设计,更加深入分析权力感对风险决策影响的内在规律和外在的边界条件。

从研究内容来看，已有关于权力感与风险决策的研究多以"得"框架（收益框架）作为决策情境，较少探讨和关注"失"框架（损失框架）下的决策情况。前景理论的提出为研究者提供了新的视角。Kahneman 和 Tversky（1979）在前景理论中提出决策情境的变化会极大地影响和改变个体的风险偏好，"失"框架（损失框架）中个体会冒险，而在"得"框架（收益框架）中个体行为会倾向保守。也就是说，人们在面临收益框架时，往往会小心翼翼、见好就收；而在面临损失框架时，往往会铤而走险、甘冒风险。得失框架的提出为更加深入而精准地分析权力感与风险决策的关系提供了多元研究视角。

此外，以往关于权力感对风险决策影响的心理机制的探讨，较多从接近—抑制理论为基础的接近行为来解释。作为前景理论的重要理论基石——损失厌恶（loss aversion），为解释权力感对风险决策的影响提供了新的视角。前景理论认为，人们把现状设置为参照点，如果可能出现的结果是正向偏离参照点则视为收益，如果负向偏离参照点则视为损失。人们对损失的反应比对收益的反应更敏感，也就是说，相同的损失带来的痛苦程度要大于收益带来的喜悦程度，这种现象被称为"损失厌恶"。本研究将从损失厌恶视角研究权力感影响风险决策偏好背后的心理机制。这对于我们在实际工作情境和生活过程中提高决策质量，合理有效地进行决策都具有重要的指导意义。

第二节 研 究 目 的

本研究以具有一定领导经验的管理者为研究对象，考察得失框架下权力感以及权力动机和权力稳定性对组织情境中风险决策的影响。总的来说，主要期望达到以下具体研究目的：

一、探讨得失框架下权力感影响风险决策的一般规律

以往相关研究较少区分得失框架，而这恰恰是影响决策效果的关键变量。《孙子·九变》有言：智者之虑，必杂于厉害。由于损失厌恶的普遍性，目前的研究结果大多数都证实了人们在损失框架下的风险偏好要远远大于

收益框架下的风险偏好。但是也有一些研究得出了不一致的结果,谢晓非等(2002)研究曾发现,人们在收益框架中的风险偏好要高于损失框架下的风险偏好,与已有研究结果相左。而且,以往关于得失框架不对称的相关研究结果多是基于自我决策和为他人决策的任务得出的结论,没有涉及介于自我—他人决策中间的决策任务范畴,因此,得失框架的影响同样值得探究。此外,权力高低对得失框架的判断更加加深了研究的不确定性。因为得失框架可以理解为一种主观知觉,它是依据个体的参照点而确定的,当个体的期望低于参照点,处于欲望没有得到满足的状态,就会把情境知觉为"损失";而当个体的期望超出了参照点,个体的欲望已得到满足,便将情境知觉为"收益"(Tervsky & Kahneman,1958)。显然,高低权力者的参照点存在差异,这就使得在得失框架下研究权力感对风险决策的影响仍然值得深入探究。

二、探讨提升权力感与风险决策研究生态效度的途径方法

现实生活中的决策情境几乎全部处于社会背景之中,权力是社会关系变量,是社会情境中的权力,不应该是存在于社会关系之外的独立属性。但是,当前心理学领域关于权力感的研究大多是在尽可能多的剥离社会背景特征的情况下进行的,在实验设计中运用的风险决策问题往往采用简单的金钱决策方面的问题,对真实情境下的风险决策任务研究较少,使得相关研究结论在社会现实中推广的生态效度受到一定影响。通过加强对群体或组织等社会互动系统中的权力的研究,将有助于人们对权力心理效应的更深认识(Fiske & Berdahl,2007)。Simon(1990)曾形象地把个人的决策能力和所处的环境比喻为剪刀的两叶刀片,忽视了任何一叶刀片,剪刀都将失去它的价值和作用。同样,失去决策情境的决策研究无法使人们完整地理解决策行为。因此,要准确地预测决策者的风险选择,必须关注决策情境。Hiemer等(2012)在进一步研究建议中也提出要加强对现实世界中的真实情景的决策问题(real world settings)的研究。本研究将运用自编的具有组织情境的决策选题,突破以往以金钱决策和赌博任务为主的实验室研究,更具情境性和社会性。

其次,在实际生活中,领导者的风险决策多是为组织决策,为组织决策是介于为自我与为他人之间的一种特殊决策。这种决策行为不同于为他人

决策，因为它关联了决策者自身的得失，决策后果与他自身息息相关、荣辱与共，比为他人决策需要承担更多的决策后果。但是其与为自己的私人事务决策又存在一定区别，因此是介于自我决策与他人决策之间的一种特殊的决策类型。以往关于权力感的研究多从自我决策角度入手，较少涉及组织情境的决策问题。本研究采用自编的工作情景风险问卷，是一种介于为自我与他人决策之间的一种决策类型，能更好地提升研究的生态效度。

三、探讨得失框架下权力感影响风险决策的调节变量

以往关于权力感与风险决策的研究，更多关注权力感高低维度对个体风险决策的影响，较少关注权力感的其他维度在其中所起的作用。事实上，权力感除了高低这个维度，还存在其他的维度，如个体内在的权力动机因素，外在的影响权力稳定性的环境因素等，都是影响个体风险决策过程的重要因素。本研究将综合考察权力感的几个维度因素，全面系统考察权力感对风险决策的影响，有助于更好地梳理以往研究不一致之处，以及分析以往研究出现不一致结论的原因。

四、探讨得失框架下权力感影响风险决策的心理机制

关于权力感影响风险决策的心理机制，以往研究更多从接近行为等角度来解释权力感对风险决策的关系，本研究试图从前景理论的损失厌恶视角探讨它们的关系，为丰富权力感与风险决策研究提供更多的视角和素材。

第三节 研究意义

一、理论意义

本研究的理论意义主要体现在以下三个方面：

第一，为解释权力感影响风险决策的发生机制提供一个新的研究视角。迄今为止，关于权力感与风险决策关系的大部分研究，多是从关注积极方面来解释，最典型的莫过于接近—抑制理论。本研究拟从损失厌恶的角度，尝试对权力感与风险决策关系的制因机制进行不同的分析和解释，以拓展权力心理学理论和内容在风险决策领域的应用。

第二,为夯实权力心理学研究提供本土素材。从目前研究来看,国外组织心理学对权力感研究如火如荼。国际著名期刊 *Journal of Personality and Social Psychology*,*Advances in Experimental Social Psychology* 等,连续多年刊登权力感研究文章。与国外丰硕成果相比,国内相关研究相形见绌,而且实证研究更是寥寥可数。本研究运用实验研究,以具有实际领导经验的管理者为被试,采用得失框架下具有现实工作情景的决策任务,通过系列实验系统考察权力感对风险决策的影响,除了权力感高低,同时考察权力的其他维度如权力动机和权力稳定性的调节作用。为开展权力心理学相关的本土研究提供实证素材。

第三,探索损失厌恶理论在权力心理学方面的研究。损失厌恶是前景理论的重要内容,它的应用多在金融和金钱决策领域。本研究拟通过探究损失厌恶对高低权力者的风险决策的中介影响,以拓展损失厌恶理论在权力心理学方面的应用研究,具有一定的理论意义。

二、实践意义

实践意义主要体现在以下五个方面:

第一,风险决策是人类赖以生存和发展的重大决策。如何应对风险并有效做出决策是我们得以存在和发展的重要前提。本研究通过实验考察有实际领导经验的管理者在组织情境面对风险如何决策,以及探索权力感影响风险决策背后的心理机制。这对于我们在实际工作情境和生活过程中提高决策质量,合理有效地进行决策都具有重要的指导意义。

第二,通过适度降低权力威胁,更好地促进领导者的创新行为。当领导者的权力面临威胁时,会出现因为想要继续保有当前的资源而不敢去冒险的现象,此时会产生更多的自我保护行为,容易产生畏首畏尾、小心谨慎、不敢创新等行为。因此对于领导者的权力,既需要约束也需要适度保护。约束权力是制约腐败滋生的重要手段。但是另一方面,适度降低领导者的权力威胁感也非常有必要。组织通过采取适中的方式降低领导者的权力威胁感具有重要意义,这些方式包括合理而不严苛的考核制度、容错机制等。

第三,通过权力的调节,有助于组织更好地激发员工积极性。主观权力感受是主观感知到的对资源、自己,以及他人的控制,通过操纵权力线索,可以提高或者降低个体的权力感受。适当增强或者降低个体的权力感受,可以改变其损失厌恶值,并能调整风险偏好行为。在组织结构的顶层设计中可以加以借鉴使用,如何通过不同的组织结构设计来有效激发员工的主观权力感,以激活组织活力。同时在组织管理中,可以适当地利用"扁平化"设计提高个体的权力感,以避免员工在组织中无足轻重带来的强烈风险规避。

第四,了解权力感对风险决策影响的特点,有利于进行合适的领导者的选拔。在干部选拔中,有的岗位需要冒险的领导者,有的岗位需要更为谨慎的领导者,通过权力动机和权力感等方面的联合测评,可以为干部的适岗匹配提供合理建议,更好地促进干部使用中的"人尽其才、才尽其用"现象。

第五,在政府管理上,可以运用本研究的结果指导领导者如何适当消减避责行为。人们是根据参照点来评价收益和损失的,因此当改变人们评价事物的参照点时,也就能改变对风险的态度。合理运用研究结果,使领导者能够从实验研究中得到启发和指导,更好地提升政府管理水平。

第二章 文献综述

第一节 权力感及相关理论

哲学家罗素把权力称作社会科学的基本概念,认为权力就如同"物理学中的基本概念是能量"一样重要。诸多社会科学的专家学者对权力研究做出了杰出的贡献。现在权力研究已成为社会、人格和组织心理学研究的焦点之一。心理学领域对权力的系统研究始于第二次世界大战末期,学者们探讨了权力地位是否会导致权势者表现出更自大和反社会的行为。以纳粹集中营和监狱的极端环境为背景,Milgram(1964)和 Zimbardo(1973)两项开创性研究支持了权力对行为有负面影响的理论假设,并开启了心理学领域对权力探讨的第一波浪潮。

随后的几十年,发展一直较为缓慢。直至 20 世纪 90 年代,权力研究才得到研究者的重视,进入繁荣发展阶段。到 21 世纪初,随着社会认知研究范式的兴起,关于权力的心理学研究得到广泛重视和蓬勃发展。图 2.1 展示了权力相关研究的发展趋势。至今,权力研究不仅实证成果颇为丰硕,而且理论建构日益完善。

一、权力及权力感涵义

"权力"概念,涉及哲学、政治学以及社会学、心理学等各个学科和研究领域。在中国古代,"权"有两层核心要义:一为衡量审度之义,如孟子"权,然后知轻重";二为制约他人的能力,如"贤而屈于不屑者,权轻也"。古代汉语中的"权力"一词,主要有两种含义:一是权位,如唐柳宗元《柳州司马孟公墓志铭》曰:"法制明具,权力无能移。"二是权势,如《汉书·游侠传·万章》曰:"〔万章〕与中书令石显相善,亦得显权力,门车常接毂。"(俞可平,

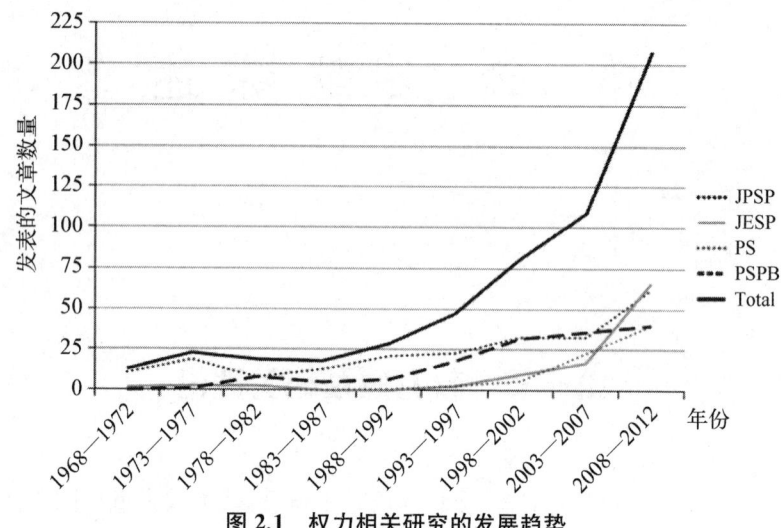

图 2.1　权力相关研究的发展趋势

（资料来源：Galinsky，Rucker & Magee，2015）

2016）。在西方语言中，权力"power"一词来自法语"pouvoir"，法语"prouvoir"又来自拉丁文"potestas"或"potentia"，意思是一个人或物影响另一个人或物的"能力"。

在学科研究领域，权力概念最早出现在政治学领域。权力不仅是政治学的核心概念，关于权力的研究也历来是政治学研究中的圣杯（the Holy Grail）。亚里士多德曾经分析了产生在古希腊城邦中的各种权力，指出当一些人对另一些人实施统治的时候，就体现了他们的权力，这种统治依靠的是某种实际的力量，希腊城邦政体的更迭正是与统治者人数的多少及其力量的大小有关。后来，权力概念逐渐延伸到其他学科，几乎在各个社会学科里，都能找到权力的定义。社会学领域，韦伯认为"权力是一个人在即使遇到抵抗的情况也能实现自己意愿的概率"；政治学上，罗伯特达尔认为权力就是影响力；心理学界，权力常被理解为是对金钱或信息等各种重要资源的不对称控制（Galinsky，Gruenfeld，& Magee，2003），一种影响其他人的能力，它常常来自对有效资源的控制和实施奖惩的能力（Keltner，Gruenfeld & Anderson，2003）。以及通过他人实现自我目标的能力（Dijke & Poppe，2006）。

概括而言，关于权力的概念界定主要有能力论、资源论、关系论和状态论等几种主要观点。

1. 能力论

能力论把权力看成个人的特征,认为权力是一种控制或影响他人的思想、感情或行为的能力(French & Raven, 1959; Thibaut & Kelley, 1959; Fiske, 1993)。以 French 和 Raven(1959)提出的五种权力来源(法定权力、强制权力、奖赏权力、专家权力和参照权力)为标志,主要关注权力的大小、来源、职权等对权力行为的影响。Koslowsky, Schwarzwald(1993), Keshet, Kark, Pomerantz-Zorin, Koslowsky 和 Schwarzwald (2006), French 和 Raven(1959)的相关研究都采用了"能力论"的定义。能力论把权力作为结构变量,强调权力者的能力特征和权力来源导致的结构性差异(French & Raven, 1959),例如,上级可以利用奖赏权力和强制权力通过奖罚对下级产生影响。但它关注的并非关系中的个体,并不关心他人是谁。因此这一结构变量取向下的权力研究并没有对权力在关系中是怎样运行的进行探讨(Simpson, Farrell, Oriña & Rothman, 2015)。

2. 资源论

Kanter(1977)从资源的角度对权力的概念进行了界定,认为权力就是能调动或获得资源,而这些资源则是其他人完成自己目标所需的。Fiske(1993)提出权力是对资源的不对称控制。Keltner 等(2003)综合各派观点,提出权力是个人或组织通过持有或提供资源来控制和影响他人的意图的能力。这是对能力论和资源论整合的权力定义。

3. 关系论

Emerson(1962)认为,将权力看作一种能力特征是有失偏颇的,权力应该是一个关系范畴,只有把权力放在与其他个体或群体的关系中才能理解权力。这种观点认为权力大小等同于关系中一方对另一方的依赖程度。如果认为一个人有权力,但是没有依赖的下属,这种权力就如空中楼阁。如果这个人有依赖他的下属,那么下属对他依赖性越大,他的权力也就越大。通过社会关系中人与人之间的依赖程度来表示权力的大小是关系论的本质。

4. 状态论

Galinsky 等人(2003)认为,权力不仅仅是一种结构变量,指他实际拥有的职权高低,很多时候更可以是指一种心理状态,对于那些没有实际职权的人们来说,可以通过用词语搜索任务和环境线索等任务使他们出现拥有权力感的心理状态,而且也能够使他们由于激发权力感而出现的行为改变。

后来 Rucker，Galinsky 和 Dubois(2012)的研究进一步支持了权力是心理状态的观点。也就是说虽然权力是客观的，但不能直接对人产生影响。只有当权力被人们感知到才会起作用。这也是当前心理学领域研究权力的主要角度。

综合分析以上关于权力概念的概述，可以发现：

第一，权力的核心要素是控制感(Fiske，1993；韦庆旺，俞国良，2009)。无论是能力论、资源论，还是关系论，认为权力的根本目的都是为达到一种控制(韦庆旺等，2009)，控制手段可以是提供各种资源或者阻止资源的获得，甚至实施惩罚(Keltner et al.，2003)。资源可以是物质的，如实物、金钱、晋升机会等，也可以是社会的，如知识、信息、情感、决策权等。所以不管权力的来源是什么，权力的本质是对资源的不对称控制(如 Fiske，1993；Keltner et al.，2003；Fast et al.，2011)。这种观点也渗透在状态论中，因为对权力心理的操作也大多是要求被试回忆控制他人的情境。因此可以说，绝大多数研究者都基本认同"权力就是控制"的观点。

Fast，Gruenfeld，Sivanathan 和 Galinsky(2009)指出，权力产生于人们对资源的相对控制，这种控制感会容易使人们高估自己的能力，从而产生一种叫"控制错觉"的现象，控制感在权力效应的研究中具有较大的解释力，虚幻控制在权力影响人们的接近行为中起到了完全中介的作用。Guinote(2007a)在"情境聚焦理论"中也提到，权力是通过个体的控制感来影响人们的知觉和行为的。

虽然随着对权力概念探讨的深入，一些研究提出，权力应该包含两层含义：社会权力(social power)和个人权力(personal power)，所谓社会权力是指对他人的影响和控制；个人权力是指能够使自己不受他人影响的能力(Lammers，Stoker & Stapel，2009)。但是不论社会权力还是个人权力，包含的实质都是控制感，前者是对他人的控制，后者是对自我的控制。

第二，心理学研究的权力对象，常常不是指真实权力(actual power)，更多是指主观权力感(perceived power)，或者说权力体验(experienced power)(段锦云，魏秋江，2012)。权力的社会认知理论认为，权力变量要通过个体的权力认知起作用，也就是说情境的影响需要通过主观的权力感而对行为产生作用。所谓权力感，是指个体实际感受到的影响他人的能力(Keltner et al.，2003；Anderson et al.，2012)，它是个体的一种主观感受和判断,与实际的职位高低并不一定一一对应的关系(Fast & Chen, 2009)。

有学者认为,权力感比他真实的社会职权和实际权力对行为的影响更大(Haidt & Rodin, 1999)。如"低权力父母"(powerless parents)有可能控制着孩子的众多资源,但却仍会产生无权力感(Bugental & Lewis, 1999)。所以说权力是客观抽象的,但是权力感是具体可评价的。可以把权力感作为评价权力的可测变量。

第三,状态论的提出为权力的心理学研究打开了大门,为权力测量和实证研究提供了依据。当把权力看成结构变量时,权力是基于一定社会事实存在的,高权力者就是实际手握大权之人,如领导、上级或经理等。近十年来,研究者把权力看成可以操纵的心理变量,通过对权力的启动来开展权力对人们认知、态度和行为影响的研究,大大拓展了权力研究的领域和范畴。当前关于权力方面的心理学研究几乎都是从心理变量的权力感入手来研究的。

第四,本研究对权力内涵的界定。本研究中,把控制感作为权力概念核心内涵,采用心理学经典的概念界定权力概念,即拥有控制有效资源和奖惩的能力,能够通过对资源的调配来控制他人,并且影响他人的能力。严格地说,心理学领域关于权力的研究对象都是权力感。国外文献中多采用"Perceived power""experienced power""sense of power""subjective sense of power"等专业表述方式。因此,本研究的研究对象为权力感而非客观权力,其实质是指个体感受到的能够影响他人的能力。

二、权力感产生的心理与行为影响

以往大量研究发现权力具有消极的效应和影响,最著名的莫过于阿克顿勋爵(Lord Acton)的著名论述:"权力导致腐败,绝对的权力导致绝对的腐败"。1971年,美国社会心理学家菲利普·津巴多主持了"斯坦福监狱实验",实验中,专门将测试挑选的身心健康、情绪稳定的大学生随机分为"狱卒"和"囚徒"两个组,结果发现,本来身份相同的大学生,因为权力感和角色的不同而出现了完全不同的行为。扮演"狱卒"的被试变成残暴不仁,出现了恃权而为的虐囚行为。扮演"囚徒"的被试变成消极被动,出现很多退缩行为。这个实验从一个角度反映了没有约束的权力对人们行为的改变。

在心理学领域,权力研究的代表人物Kipnis(1972,1976)支持阿克顿勋爵的观点,他最早对权力能够以可预见的方式腐蚀个体性情的观点进行了实证检验。在一项角色扮演的活动中,在授权以外还拥有权力的管理者相比没有权力的管理者,会通过运用更多的影响策略,降低对下属的绩效评价、增加对下属的控制,这些管理者会更有可能将下属视为"操纵对象",而且表现出更强烈的疏远下属的意愿(Kipnis,1972)。Kipnis(1976)认为,一般情况下,权力拥有者的自我中心主义会滋生优越感,并会促成腐败行为。一项有关 CEO 的傲慢行为的研究(Hayward & Hambrick,1997)与该研究视角一脉相承。

当然,领导者以多种不同的方式行使权力,虽然有斯洛博丹·米洛舍维奇的残暴专制,但也有马丁·路德·金的英雄主义。就像一个硬币的两面,权力也是双刃剑,虽然具有消极效应,当然,更为主要的还是积极效应和影响。总的来说,权力感对个体的影响主要表现在以下几个方面:

1. 权力感对认知的影响

(1) 权力感对认知过程的影响

高权力导致人们对信息的理解更为抽象和高屋建瓴,而且与具体细节相比,他们更关注信息的概括化内容(Magee & Smith,2013;Smith & Trope,2006)。Magee,Milliken 和 Lurie(2010)发现,与志愿者或受害者相比,政府官员等当权者对 911 恐怖袭击后发生的事情的描述要更为抽象。Smith 等(2008)通过实验证实,高权力者更能做出高质量的决策。主要是因为权力改变了一个人的思考方式,权力使得决策者的信息加工更抽象——整合信息提取要点,掌握规律和关系。无意识思维理论(UTT,Dijksterhuis,& Nordgren,2006)认为,当处于复杂情境,抽象思维更有利于决策质量。

(2) 权力感对自我认知的影响

首先,权力感增强了个体的自我认知。权力已被证明有利于个体自我意识的提高,能提升积极自我认知。例如,Wojciszke 和 Struzynska-Kujalowicz(2007)发现,运用回忆法和角色分配操纵权力感,增加了被试的自尊水平。权力感也使人们增强了对自我外在形体的认知。Duguid 和 Goncalo(2012)发现,通过角色分配操纵权力感导致人们认为自己更高大,而且在视频游戏中会选择一个更加高大威猛的形象来表现自己。

Georgesen 和 Harris(1998)的元分析研究发现,权力感水平与自我评价成正相关而与对他人评价成负相关,即高权力者倾向对自我做正面评价,对他人做负面评价,这种现象在权力地位受到影响和威胁时更为明显。

其次,权力感增强了个体的自信。相比其他人,高权力者能体会到更大的控制感,对未来的自己有更好的期待。Anderson 和 Galinsky(2006)在研究中发现,权力感较高的个体认为他们在未来会经历更多的积极事件,比如享受工作、展示成就等。也有研究指出,权力感导致人们对预测自己完成任务所需时间方面更为乐观(Weick & Guinote, 2010)。

(3) 权力感对社会认知的影响

首先,个体高权力感不利于观点采择。在权力感与观点采择实验中,在权力感启动后,要求被试在其前额上写下一个字母"E"(Hass, 1984)。与研究的预测一致,处于权力大的情形中的被试会表现出对他人视角的忽视,将"E"写成对他人而言是难以辨认的(倒着的),而对自己而言是可辨认的(顺着的)。与之相对照,处于权力小的情形中的被试会更愿意将"E"写成他人容易辨认而从自己的视角不好辨认的(倒着的)。虽然两种情形中的被试都更愿意将"E"顺着观察者的视角来写,但出于权力大的情形中的被试在将"E"顺着自己的视角而书写的次数,是出于权力小的情形中的被试的 3 倍(33% vs. 12%)。这些结果表明,权力会削弱人们从他人的视角看待整个世界的能力。这些发现与领导者具有社会忽略特征的文献是互补的,证明了权力会伴随着对目标对象认知的忽视。

其次,个体高权力感会以刻板印象的方式知觉他人。在一项有关权力感对刻板印象影响的研究中,Overbeck 和 Park(2001)表明,在要求审阅求职者的材料时,相比没有权力的人,权力拥有者更有可能使用刻板印象,而较少使用个性化的信息,除非对个性化信息的关注与组织目标有着明显的关联。与研究的观点相一致,这些发现表明,权力拥有者相对而言更不关注个体的独特品质,除非这些对象的特质与领导者的目标达成是有关联的。Goodwin 等(2000)也证明,高权力感会增强刻板印象,它既通过增加与定型刻板相一致的信息的关注,也通过减少与定型刻板不一致的信息的关注。

第三,个体高权力感会减少对其他人的利益、感受、信仰、期望和独特体验的关注,倾向于从客观属性的角度看待其他人,并且将其他人看作是实现目标的工具。因为领导者对其他人的依赖性更小,因而比无权者更少关心其他人对其行动的评判,也更少在意其他人的内心体验。缺乏社会控制能力的人有动机去理解其所处环境中的因果关系,从而全面考虑促使其他人像他们一样行动的各种因素,包括特质和情境的影响作用。相比之下,领导者很少去理解其他人的所思所想,因为这些因素不太可能影响其目标的达成(Miller, Norman, & Wright, 1978)。

第四,个体高权力感对社会认知的影响会使社会判断出现偏差。例如,在现有格局中拥有权力的主要群体成员更有可能将少数群体成员看作是极端主义者,而不是相反(Ebenbach & Keltner, 1998; Keltner & Robinson, 1997)。另外,权力拥有者更少将功劳归之于下属。Kipnis(1972)发现,在实验中,权力拥有者会将下属的绩效归因于他们自己的努力和影响,而不是下属本身的努力,而且这种效应随着权力感的提高而不断增强。一些相关研究发现,在完成团队工作任务后,权力小的被试较之权力大的被试,更愿意承认其他人对集体成果的贡献(Fan & Gruenfeld, 1998; Pfeffer, Cialdini, Hanna & Knopoff, 1998)。

有趣的是,研究发现所有错误知觉都与对他人的消极评价而不是积极评价相关。Kipnis(1972)的研究发现,权力大的被试在实验后更不乐意在社交场合同其下属会面。Magee等(2005)的一项研究发现,与权力小的被试相比,实验中权力大的被试将实验者——权力大的对象——用更加无礼的词汇加以描述。因而,在拥有权力的情况下所产生的社会认知会导致对权力大和权力小的合作者的消极评价。

2. 权力感对情绪的影响

首先,权力感能使人体会到更多的正向和积极情绪。研究表明,组织中具有较高权力感的员工比较低权力感的员工工作满意度更高、心理健康状况更好、能体会到更多的积极情绪和体验更少的压力。在亲密关系研究中,权力感高的个体比他们的伴侣表现出更多的积极影响,权力感低的个体则表现出更多的消极影响(Langner & Keltner, 2008),而且高权力者更能够消除由他人带来的消极情绪。

其次,权力感对幸福感有显著预测作用。Kifer(2013)等人通过相关调研和实验操纵权力感的方式对权力感和主观幸福感做了系统研究,结果发现,无论是相关调查还是实验研究都表明,权力感与主观幸福感成正比,权力的经验导致了个体更高的主观幸福感。Keltner(2012)研究证明了权力经验可以解释为什么社会地位会导致更大的主观幸福感。因为社会地位使他们觉得自己很强大,因此在面对同龄人群体时会有更强的主观幸福感。

3. 权力感对行为的影响

(1) 权力感与抵制他人影响的行为

首先,高权力者更少听从他人建议。高权力者更倾向于依靠自己的知识和主观经验形成判断,忽视和拒绝他人的建议,哪怕对专家的建议都大打折扣。其次,高权力者更不容易从众。Galinsky 等人(2008)发现,高权力者不太容易受到从众压力的影响。研究者先让被试完成了一项相对无聊的任务,然后呈现给他们其他被试对任务的好评(其实是假的)。结果发现,权力感使得个体不受他人意见的影响,反而引导他们表达了自己的真实态度,给出了对任务的真实评价。第三,高权力者更不容易被说服。Anderson 和 Berdahl(2002)发现,权力感使人们更倾向于在小组讨论中表达自我。在谈判中,面对对手愤怒的表情,谈判者往往会做出让步。如低权力谈判者容易受对方愤怒情绪的影响,以致偏离他们试图实现的目标。而权力感使谈判者免受对手情绪表现的影响,与对照组或低权力谈判者相比,高权力谈判者对愤怒的对手让步更少。第四,高权力者更有创造性。关于创造力的研究发现,他人的想法会限制和约束自己的想象力。高权力者较少受到他人影响,因此他们也更有创力。Galinsky 等人(2008)发现,高权力者受他人思想影响较小,产生的作品更新颖。

(2) 权力感与展现自我的行为

Lammers,Dubois,Rucker 和 Galinsky(2013)发现,无论是口头表达还是书面表达,高权力都能更有效地展现自己。Lammers 等人(2013)对进入商学院入学面试之前的人员分成三组,一组启动高权力感,一组启动低权力感,一组为对照组。结果发现,在专家评委不知情的情况下,高权力感启动组的人员被专家评委选中的可能性是低权力感启动组人员的两倍。高权力感被试更有可能被选中,是因为他们被认为更有说服力。同样,Schmid 和 Schmid,Mast(2013)让被试发表演讲,描述自身优势。高权力感被视为能更有效地展现自己,高权力感被试表现得更好是因为他们对负面评价的恐惧感降低了。

而且,权力感使个体有更强的行动力。权力的经验与在各种各样的情况下采取更大的果断行动有关(Fast et al.,2009;Galinsky et al.,2003;

Magee et al., 2007)。Galinsky等人(2003)通过老板—雇员的操纵启动权力感,发现高权力感被试更有可能在21点游戏中拿牌。高权力者也比低权力者更倾向于在竞争中采取行动。Fast等人(2009)的研究也证实了这种观点。在这项实验中,被试如果能准确预测骰子的结果,就能获得奖励。他们可以选择自己掷骰子,也可以让别人替他们掷骰子。掷骰子是一个随机事件,因此被试自己或其他人掷骰子对结果没有任何影响。但是结果发现,100%的高权力被试选择了自己掷骰子,而只有58%的低权力被试这样选择。

(3) 权力感与自利行为

早期的权力效应研究主要关注"权力是否会滋生腐败",发现权力地位会致使有权力者更自利进而做出更多反社会行为。近期一些研究同样表明,权力感会导致更多的自利行为。人们一般存在基于规则和基于结果两种道德判断。柯尔伯格认为,基于规则的道德判断处于个体道德发展的较高级阶段,表现出理性和审慎;而基于结果的道德判断处于道德发展的低级阶段,表现出利己主义倾向(郑睦凡,赵俊华,2013)。研究发现,当高权力者代表的利益没有受到威胁时,他们运用的是基于规则的道德判断,但是当他们感到自己所处的利益格局发生改变,尤其是当基于规则的道德判断会威胁自身利益时,他们会转而使用基于结果的道德判断(Lammers & Stapel, 2009)。在另一项研究中,Lammers,Stapel和Galinsky(2010)让被试掷骰子来决定他们将获得的彩票数量。结果发现为了使自己受益,高权力感被试出现了更多过度报告他们结果的情况。

(4) 权力感与目标导向行为

权力感促进更多的目标导向行为。首先,在制订计划方面,权力感会增加目标的专注度,高权力者着眼于长远而非眼下,以更长远的视角提前计划,远期愿景非常清晰,不容易受到次要目标或其他限制影响,能提高工作的计划性和预见性,减少错误,提高工作绩效。思考"为什么这么做"甚于"怎么做",表现出更多的目标导向行为(谭洁,郑全全,2010)。其次,在目标任务的排序中,权力感能帮助人们确定目标的优先顺序,从而提高与目标追求相关的任务的响应速度和表现(Guinote, 2007a)。第三,在任务完成过程中,高权力感可以减少信息搜索的数量。由于高权力者的自信,使其在仔细处理信息方面的积极性较低,因此也会影响对信息的选择性接触(Briñol et al.,2007)。第四,在任务决策过程中,权力感提升了决策的灵活性。根据情境聚焦理论,高权力者比低权力者在注意、行为和判断方面更具灵活性,更能在复杂情境中识别出有用的信息,在实现目标过程中,较少受无关刺激干扰,更能自主加工有关信息、忽略无关信息(Guinote,2007a)。Magee 等(2005)通过实验研究提出,高权力者会更加主动去克服遇到的困难,而且他们有更强的行动力。Galinsky 等(2013)研究发现,高权力者表现出更多的与情境中干扰刺激对抗的行为,有更多目标导向行为。Guinote(2007a)也通过研究发现,高权力者能够迅速采取和实施目标导向的行为。谭洁和郑全全(2010)指出高权力者的信息加工更抽象,注意保持和分配的效果更好。这些研究都表明,权力感会导致个体产生更强的达到目标的倾向。

三、权力感的相关理论

随着心理学领域对权力感研究的不断深入,解释权力感影响机制的理论也在不断丰富。先后涌现了权力的控制模型、接近—抑制理论、调节定向理论、目标理论、情境聚焦理论和社会距离理论等各大理论。

1. 控制模型

权力控制模型(power-as-control)由 Fiske 于 1993 年提出,是关于权力感如何影响刻板印象和信息注意的模型。首先,该模型认为控制是人类的基本需求,权力就是控制。高权力者常常通过将对象类别化,形成刻板印象认识低权力者,并实现对其的控制,同时通过限制刻板印象群体的行为也增强了高权力者自身的权力。因此,刻板印象与权力感之间是相互增强的关系。

其次,权力感与刻板印象的这种关系进一步影响不同权力感个体信息注意的方向。Fiske 和 Dépret(1996)认为,在环境中拥有自主权是人类的基本需要,当这种需要得不到满足时,人们会感到缺乏控制,此时会进行寻找信息的补偿过程。在权力关系背景下,低权力个体会寻求获得关于高权力个体的信息以预测他们的行为,并使自己在一定程度上达到恢复控制的需要。而高权力个体的控制需求在很大程度上取决于他们的权力地位,他们常常使用启发式策略感知对手,所以高权力者可以不刻意关注他人,或者只关注与期望一致的信息。Goodwin,Gubin,Fiske 和 Yzerbyt(2000)研究发现通常情况下高权力个体在信息加工时只会提取与刻板化相同的信息,其余信息则被忽视了。Guinote和Phillips(2010)验证了权力对刻板印象的强化结果,研究发现,与酒店管理者相比,下属愿意多花时间和精力在与刻板印象不一致的信息上。但是,当高权力者具备高责任感时,刻板化低权力者或不关注低权力者的现象出现反转,他们会变得更加关注并个体化低权力者(Overbeck等,2001)。

2. 接近—抑制理论

接近—抑制理论(The Approach-Avoidance Theory of Power)是目前为止心理学领域中影响最广泛和引用率最高的权力理论,由 Keltner, Gruenfeld 和 Anderson 于 2003 年在系统梳理已有文献基础上提出。该理论认为,"行为接近系统"和"行为抑制系统"是两大行为动机系统,不同权力状态会分别激活其中的一个系统。由于高权力意味着拥有更多的资源,有更多获取奖赏的机会和渠道,也有更大的行为自由度,会较少受到阻碍和限制。因此,高权力状态往往会激活"行为接近系统"。相反,低权力状态则会激活"行为抑制系统"。接近—抑制理论是以行为的趋近—回避动机为依据和基础提出来的。趋近—回避是行为动机的两种最基本形式,也是人类在进化过程中产生的一种趋利避害的本能和适应环境的结果。

权力的接近—抑制理论将行为的趋避动机应用到权力研究,认为权力状态的不同会改变个体对自身所处环境的知觉,从而启动与"接近系统"或"抑制系统"有关的行为,具体体现在社会认知、情绪和社会行为三个方面。

首先,在社会认知方面,不同权力状态的个体会以不同的方式启动自己的社会认知,一方面,提高权力感将产生自主性认知,降低权力感将产生控制性认知。自主性认知和控制性认知是社会认知的两种方式,自主性认知是自然轻松的、不需要耗费认知资源的认知,更多采用快速节俭启发式和简捷规则做判断,自主性认知快速简单但是容易忽略准确性,如刻板印象。另一方面,提高权力激活的行为接近系统使个体更加关注奖赏和机会,忽视威胁和损失;而降低权力激活的行为抑制系统则使个体更加关注惩罚、危险和损失,更容易抑制或放弃目标。其次,在情绪方面,权力感差异与正负情绪体验之间有显著相关,高权力感更容易激发积极情绪,低权力感更容易激发消极情绪。第三,在社会行为方面,接近系统的激活会使高权力者主动做出果敢且不受约束的社会行为、追求目标。在风险决策行为中,更关注收益,忽视损失,损失厌恶更低,行为决策更冒险。抑制系统的激活使低权力者更容易抑制或者放弃目标,在风险决策行为中,更关注损失,忽视收益,损失厌恶更高,行为决策更保守。

"接近—抑制理论"自提出以来就得到了大量的实证研究支持。例如Galinsky等人在一系列实验中发现,高权力者表现出行动意向,而低权力者则刚好相反。高权力感被试比低权力感被试在第一次实验中率先提出第一轮报价意向。第二次实验中,要求被试通过撰写三个附加句子来补充一则尚未完成的童话故事。结果发现,高权力感被试描绘了一位行动定向的国王,他果敢而且行动敏捷,而低权力感被试则描绘了一位更加优柔而且更倾向于协商的国王。在第三次实验中,当被试面对着吹风的电扇时,高权力感被试表现出更多的去清除让人不舒服的电扇的行为,而低权力感被试在没有得到允许的情况下较少采取移动电扇的行为。

以上的实验结果都验证了高权力激活"行为接近系统",低权力激活"行为抑制系统"的理论假设。但是也有另外一些研究结果与接近—抑制理论相左。Smith 和 Bargh(2008)研究发现,高权力者在接近行为的得分显著高于低权力者,但是他们在抑制行为的得分没有显著差异。Elliot(2006)研究发现,高权力者在实现目标过程中,可以同时激活行为接近系统和行为抑制系统。大量研究结果表明,权力的"接近—抑制理论"理论无法解释所有的权力效应,并不是理解权力效应的唯一途径。

3. 调节定向理论

调节定向理论(The Regulatory Focus Theory of Power)是心理学家Higgins(1997)在"接近—抑制理论"基础上提出来的,他认为影响人类心理和行为存在另外两个动机:促进定向和预防定向,不同动机定向的个体对不同结果(有收益、无收益、有损失、无损失)的敏感性存在差异。促进定向个体对有无收益的信息更加敏感,更加关注从无收益到有收益的变化过程,预防定向个体对有无损失信息更加敏感,更加关注从无损失到有损失的变化过程。所以,对预防定向的个体来说,有收益是快乐的,没有收益是痛苦的;而对预防定向的个体来说,没有损失是快乐的,有损失是痛苦的。

促进定向个体通过趋近有收益结果趋近积极结果,预防定向个体通过趋近无损失结果趋近积极结果。促进定向个体通过回避无收益结果来避免消极结果,预防定向个体通过回避有损失结果来避免消极结果。促进定向个体更加关注提升,力图实现有收益的结果,倾向于一种提升策略。预防定向个体更加关注安全,力图实现无损失的结果,是一种维持性策略。

以往相关研究证实,高权力感个体和低权力感个体具有不同的预防定向和促进定向。Keltner(2003)等人研究发现,高权力感个体具有使用资源获得奖励的能力,这会促使他们去获得更多资源的动机,因此高权力感个体更倾向于促进定向;而低权力感个体由于处在资源匮乏的环境,他们更多倾向于使用警戒策略,因此低权力感个体更倾向于预防定向。

Fast 等人(2012)的研究表明,高权力感个体更有能力按照自己的个人意愿行事,更多思考自己"想要做什么",而不关注他人(Hogeveen, Inzlicht, & Obhi, 2014),喜欢将目标表征为理想和愿望,更倾向于促进定向;而低权力感个体更加需要听从他人或配合环境的要求(Zaal, van Laar, Ståhl, Ellemers, & Derks, 2011),更多将目标表征为"应该做什么",更倾向于预防定向。

4. 情境聚焦理论

虽然情境聚焦理论(The Situated Focus Theory of Power)的影响力和引用率都远远不及接近—抑制理论,但是该理论将认知的情境化视角与权力的效应结合,解释了高权力者为什么在决策和判断上更具有灵活性的优势。该理论由 Guinote 于 2007 年提出,认为高权力者的认知调节能力更强,认知加工的灵活性更佳,更能在复杂情境中识别出有用的信息,所以在决策时较少被无关刺激干扰,能有选择性地将注意集中在主要的任务目标,加工有关信息、忽略无关信息;而低权力者的认知调节能力稍逊一筹,在复杂情境中不易识别出有用的信息,倾向于同等地加工两类信息,所以认知的灵活性更差。

如果说接近—抑制理论关注的是认知内容,情境聚焦理论则关注的是认知的加工过程,该理论对以下几个方面的权力效应和现象做出了恰当阐释。首先,能较好解释不同研究中存在矛盾的权力效应和现象。例如,Lammers 和 Stapel(2009)研究发现权力与知觉他人方式相关,高权力者以非个体化的方式知觉他人。而 Overbeck 和 Park 却发现,当高权力者具有强烈的责任状态时会以个体化的方式知觉他人。情境聚焦理论认为,出现上述相反的权力效应,是因为权力感影响个体的注意,高权力者的认知加工更灵活,能根据环境线索改变行为,更容易做出符合情境要求的行为。

其次，能较好解释为什么权力感能促进决策质量。权力感的提高使个体能够将全部精力投入到情境的核心部分，在复杂情境中识别并加工与目标有关的信息，较少受到无关刺激干扰，因此能过滤非核心信息，从而提高决策质量。

第三，能较好解释权力感与目标一致行为。研究发现，高权力感让个体更加关注与目标相关的信息、激活与目标一致的图式、更依赖那些易提取的信息、做出与目标一致的行为。

大量研究证实了高权力者在情境中更具灵活性的现象。如 Guinote 等人研究发现，高权力者的反应时没有受到水杯手柄方向（左或右）的影响，而低权力者的反应时受到了影响。在框线测试（framed-line test）实验中，高权力感个体能较好地抑制背景信息对任务的影响，表现出比低权力感个体更少的错误。

在组织决策中，Fast 发现，领导者能更清晰地认识组织发展目标，对组织发展的责任感也更强。此外，更多的研究发现，与低权力者相比，高权力者较少受他人影响，更容易聚焦于组织决策的有效线索，而且对决策结果更满意。

这些研究结果都验证了在不同权力状态下，人们对信息的关注和选择是存在差异的，高权力者能更好地抑制无关信息的干扰，将注意力集中和保持在与目标任务有关的信息上，而低权力者更容易受到无关信息的干扰。因此高权力者比低权力者对情境反应更具灵活性。Guinote 进一步归纳了权力对人们情境反应影响的原因，是因为人们内心都有想要控制情境的基本需要，而控制感是权力感的核心所在，提高个体的权力感就能提高其控制感，这种对情境控制感的提升，也促进了个体对情境聚焦的反应。

总的来说，情境聚焦理论从认知加工视角对权力效应做了很好的阐释，认为当人们处于高权力状态时，具有更高的认知调节能力和更加灵活的认知加工能力，其接近系统（加工与情境相关的信息）和抑制系统（抑制与情境无关的信息）同时发挥作用，调和了"接近—抑制理论"中高权力者只激活"行为接近系统"和低权力者只激活"行为抑制系统"的矛盾。

5. 权力的目标理论

权力的目标理论包括目标激活理论和目标导向理论两部分。Chen 等人（2001）把权力与目标相联系，认为权力效应可以通过权力—目标心理联结(power-goal mental associations)来解释。目标以各种形式被储存在记忆中,与权力有关的线索可以激活记忆中被表征的目标。权力—目标心理联结在不同个体中存在差异,有人将权力与自我导向的目标相联系,权力的效应将激活自我服务的目标。有人将权力与社会责任目标相联系,权力的效应将激活关注他人的行为。

Overbeck 和 Park(2006)在权力控制模型基础上,结合管理和组织行为学相关研究,提出了权力的目标导向理论。他们认为权力的控制模型提出的高低权力者关注信息差异的观点并不准确,即控制模型认为低权力者更会关注上级,并通过收集上级的信息预测行为,而高权力者则很少关注下属,并不符合高权力者的全部实际情况。例如,高权力被试在执行以人为中心的目标时,对低权力者形成了很好的个人化认识,这与控制模型认为的刻板印象形成鲜明对比(Overbeck & Park, 2001, 2006)。事实上,在高权力者需要处理与人相关的问题和决策,在组织中需要关注他人需求和发展良好的人际关系,因此,高权力者的行为是以实现组织目标为目的的目标导向行为。

6. 社会距离理论

社会距离理论(Social Distance Theory of Power)是心理学领域解释权力效应的最新理论,该理论把建构水平理论(Construal Level Theory, CLT)和权力效应相结合,运用 CLT 来解释产生权力结果的机制,由 Magee 和 Smith 于 2013 年提出。建构水平理论认为,人们对事物的表征是分层次的,高水平建构是抽象、系统的表征,低水平建构是具体、细节的表征。高水平建构更容易全局、整体知觉事物,关注事物核心特征,而低水平建构更容易局部、边缘地知觉事物。社会距离理论认为权力会增加社会距离,社会距离越大建构水平越高。因此高权力者的建构水平更高,心理表征更抽象。低权力者的建构水平更低,心理表征更具体。

社会距离理论具有较强的解释力。一方面,高权力者存在较低的同僚合作动机,另一方面,高权力者预期他人与自己建立联系和合作的动机也比较低,两方面效应叠加使得权力感增加了社会距离。权力感促进社会距离提高带来了一系列效应,例如高权力者更不关注他人心理状态,同理心减弱,所以会更少出现观点采择现象。此外,与其他形式的心理距离一样,抽象思维的增加,导致高权力者在做决定时,更加重视潜在结果的价值而非可行性,因此可以解释权力感导致风险行为。此外,社会距离的增加能使个体从"是什么"的思考模式向"为什么"的思考模式转变,由此可以使个体更加抽象思维,提高决策质量和创造性。

社会距离理论得到了相关研究结果的验证。如有研究发现高权力者更倾向不受约束单独行动而不是团队活动,因为他们倾向于与其他人保持较大的社会距离。Smith 和 Trope 研究发现,高权力者在嵌入式数字任务和格式塔任务中以抽象方式知觉视觉刺激物。在价值属性和可行性方面,高权力者更加关注的是目标的价值,因为价值是抽象的特征,对应高建构水平;而低权力者则更为关注达成目标的可行性,因为可行性是具体特征,对应于低建构水平。在布置任务时,高权力者更喜欢使用抽象的语言,而低权力者则相反。

总的来说,社会距离理论以建构水平理论为基础,从过程而非内容视角来解释和预测权力效应,为权力效应的理解提供了一个全新的视角。前面理论没有关注到的有些现象,诸如高权力者的抽象思维(Magee et al.,2010; Smith & Trope, 2006)和无意识思维(Smith, Dijksterhuis et al., 2008)等,都非常适合用权力的社会距离理论来解释。

第二节 风险决策及相关理论

一、决策与风险决策

1. 决策与决策分类

决策的英文 decide 一词源于拉丁文,意为"选择、确定策略"。中文决策一词最早出自《韩非子·孤愤》:"智者决策于愚人,贤士程行于不肖,则贤智之士羞而人主之论悖矣。"美国决策研究专家 Hastie(2001)将决策定义为"人类(及动物或机器)根据自己的愿望(效用、个人价值、目标、结果等)和信念(预期、知识、手段等)选择行动的过程。"学者们运用不同的标准对决策进行了分类:

第一,根据决策问题所处客观条件的不同,Knight(1921)把决策分为三大类:确定型决策(riskless decision/decision under certainty)、风险决策(decision under risk)和不确定决策(decision under uncertainty)。确定型

决策是指决策者事先知道某一可能状态一定会发生的决策。风险决策是指决策者在对未来情况不完全确定、但是确知各种决策后果以及各种后果出现概率情况下的决策(庄锦英,2006)。例如,某企业想要开发一项新产品,可供选择的方案 A 在前期论证中的预期投资收益率为 30%,企业是否采用方案 A 开发新产品?根据这种情况作出的决策就是风险决策;反之,不能预测可能出现结果概率的决策则为不确定决策,例如地震预测,因为无法准确预测可能出现结果的概率,所以称为不确定决策。相比风险决策,不确定决策的研究相对较少。但学界普遍认为,探索较为简单的风险决策任务的决策机制有助于更好地理解较为复杂的不确定决策任务的决策机制。

第二,根据决策问题的时空距离不同,可以把决策分为跨期决策(intertempral decision)和空间决策(spatial decision)。跨期决策是指人们对不同时间点出现的结果之间进行权衡和选择的过程。面对次优的即刻选项和占优的延迟选项,人们会如何抉择?人们在不同时间点的选择会出现偏好反转或时间偏好不一致现象(李纡,2016)。例如,在当前的 30 美元和一年后的 45 美元之间,被试更偏好选择前者,而在一年后的 30 美元和两年后的 45 美元之间,被试则更偏好选择后者。研究者认为风险决策和跨期决策是对人类生存和繁衍至关重要的两类决策。空间决策是指对发生在不同空间地点上的结果做出选择的过程。比如有两个工作机会供你选择:一个是离家 5 千米,工资每月 6 000 元,另一个是离家 25 千米,工资每月 7 000 元,你会如何抉择?

第三,根据决策中处理信息方式的不同,可以把决策分为启发式决策(heuristic decision)和分析式决策(analytical decision)。启发式决策是指快速的、自动和无意识的决策,分析式决策是指缓慢的、深思熟虑的和有意识的决策。当人们面对紧急的或者不重要的决策任务,决策者来不及或者不愿意投入太多认知资源时,常常会采用启发式决策;当人们面对重要决策任务且决策时间宽松时,常常会深思熟虑采用分析式决策。

此外,根据决策主体人数的多寡,可以将决策分为群体决策和个体决策;根据决策目标的影响程度不同,决策可以分为战略性决策和战术决策;根据决策性质可以将决策分为程序化决策和非程序化决策;根据决策对象可以将决策分为为自己决策和为他人决策。

2. 风险与风险决策

风险与人类生活相伴相随,渗透在生活的各个领域：教育、交友、医疗、投资、战略等方方面面,人们无时无刻不在面临着各种各样的风险,甚至可以说,人类文明的发展过程就是与各种风险共存和抗争的过程。

一般而言,风险代表了不确定性,而且这种不确定性与潜在的损失紧密相关。学界关于风险最具代表性的是 Yates 和 Stone(1992)的观点,他们认为风险由损失、损失的重要性、损失间联系的不确定性这三个要素组成,其中,损失的重要性是指损失对个体的影响程度,当结果对个体的影响程度越大,意味着结果对个体越重要,风险也就越大。

但"风险"也意味着机会和威胁并存：获得收益的机会或避免损失的机会,获得的威胁和失去的威胁。所以人们对风险的理解存在个体差异,有人认为风险就是危险和损失,但也有人认为风险是机会和可能。事实上,个体对风险情境的知觉是机会还是威胁往往与个体自身的参照系有关,当个体的期待与要求达到甚至超过了参照值,即可能把风险认知为机会;反之,当个体的期待与要求低于参照值,即可能把风险认知为威胁。

风险情境隐含的机会和威胁并存的特点,也将导致个体接近和回避心理并存的状态。在实际生活中,个体常常面对机会和威胁并不确定的问题,有更多收益的决策选项必然蕴含更高的风险,人们要获得更高的收益就必须承担较大的风险。需要权衡各种可能的结果进行决策,因此容易产生更愿意冒险还是保守两种心理状态和行为倾向。这种矛盾的心理状态和行为倾向也使得个体在风险情境中的行为反应更具有综合性和复杂性,也使得研究更具有价值性。

Tversky 和 Kahneman(1981)首先关注到人们这种心理状态和行为倾向,加以深入分析和研究,且在此基础上,提出风险决策是人们面临两个及以上不确定的决策后果,特别是会产生负面结果时,对多个结果且其发生概率已知的选项进行权衡后做出的决定。Yates 和 Stones(1992)认为风险决策就是决策者在综合考虑得与失、得与失的权重及得与失的不确定性这三个要素后,决策者所做出最优化的选择。国内学者谢晓非(2002)提出,风险决策是指决策者在面临两个以上不确定的决策后果时的决策,强调从多种备择方案中做出最优的选择。李纾(2009)进一步明确,风险决策指的是决策主体面对未来不能够完全确定、但却知道各种决策选后的结果或各种结果出现概率多少的情况下，决策主体所做出的一种决策行为。综合上述学者关于风险决策的定义，可以发现风险决策常常涉及多个不确定性的结果，决策者根据几种不同结果可能发生的概率进行决策。

二、风险决策的相关理论

风险决策探讨人类在风险情境下如何进行判断与选择，也是孕育现代决策理论的重要领域，研究者一直致力于寻找人们如何做出风险决策的理论解释。梳理相关文献，风险决策理论主要经历了三个阶段的演变：规范决策模式、描述决策模式和进化决策模式，其理论指导思想也呈现了从"完全理性""有限理性"到"生态理性"的变迁。

1. 规范决策模式——完全理性决策

从亚里士多德时期开始，哲学家就认为人是理性的，行为受理性驱使，非理性思维和行为只有在极端情况如疲劳、酗酒和愤怒时才会出现。该理论秉持完全理性观，认为人们掌握了规范化的决策原则，运用概率和统计规则进行基本推断和决策，目标是建立最优化或完全理性的、普适的决策模型，因此称之为规范决策模式，规范决策模式旨在告诉人们理想上应当如何推理、判断和进行决策。主要包括期望价值理论、期望效用理论和主观期望效用理论三大理论。

（1）期望价值理论（expected value theory）

期望价值理论是关于风险决策的第一个规范性理论，是风险决策理性理论的基础。对风险情景中决策问题的关注起源于数学家们对赌博游戏的研究兴趣。1654年夏天，两位法国数学家 Pasacal 和 Fermat 在信件中首次提出了数学期望（Mathematical Expectation）的概念，也因此产生了经典的期望价值理论（expected value theory）。期望价值理论认为人是完全理性的，有稳定的偏好系统和强大的计算能力，他们会在各种选项的潜在价值和实现可能性概率的综合考虑之后做出最佳选择。即

$$EV = \sum p_i v_i$$

公式中 EV 代表期望价值，p_i 代表第 i 种结果发生的概率，v_i 代表事件的某一可能结果。但是很快，这种通过计算 EV 实现理性决策的方法遭到了圣彼得堡悖论的质疑和挑战。

（2）圣彼得堡悖论

1713 年，Nicholas Barnoulli 教授在圣彼得堡的一本杂志上提出了一个有趣的问题，他假设让人们参加一个投掷硬币的游戏，投掷硬币直到出现反面朝上为止，投掷者可以获得 2^n 元报酬。n 为投掷硬币的次数。也就是说，如果人们第一轮投掷硬币就出现反面，即投掷者获得 2 元，如果第一次是正面朝上，就继续投掷，第二次出现反面朝上就获得 4 元。如果第二次也是正面朝上，就继续投掷。第三次出现反面朝上就获得 8 元。以此类推，问人们愿意花多少钱参加这个游戏？

在该游戏中，期望价值为：EV＝$2(1/2)+4(1/4)+\cdots\cdots+2^n(1/2)^n$＝$1+1+\cdots \rightarrow \infty$，从公式看，该游戏的期望价值是无穷大的。如果按照期望价值理论，人们理应愿意付出任意大的赌金来参与这一游戏才对。但事实上，很少有人愿意支付超过 10 元钱来参与这个游戏。这就是著名的圣彼得堡悖论。悖论深刻揭示了人们并不总是按照期望价值最大化来进行决策。

（3）期望效用理论（expected utility theory）

1738 年，Nicolaus Bernoulli 的堂弟，数学家 Daniel Bernoulli 尝试用"效用"和"边际效用递减律"来解释圣彼得堡悖论。他认为，人们对金钱的客观价值具有不同的主观价值，人们不是追求价值最大化，而是追求"效用"最大化，而且"效用"与个体的财富状况密切相关，会随财富的增加而出现递减趋势。Bernoulli 的"效用"理论为后来的风险决策理论奠定了基础。

1947 年，von Neumann 和 Morgensberg 提出期望效用理论（expected utility theory），认为人们是根据效用最大化原则，而非期望价值最大化原则进行决策。提出人们在决策时考虑的是收益效用和收益概率的乘积，可以用如下公式表示：

$$EU = \sum p_i u(x_i)$$

其中，EU 代表期望效用，p_i 代表事件 i 发生的客观概率，$u(x_i)$ 为事件的效用函数。人们倾向于选择期望效用值大的选项。

研究者基于期望效用理论进行了扩展，提出了多个变式。其中最有影响力的是 Savage 于 1954 年在《统计学基础》一书中提出的主观期望效用理论（subjective expected utility theory），主观期望效用理论在相当长一段时间内成为决策研究的主导理论。主观期望效用理论提出用个人主观概率代

替传统期望效用理论的客观概率,认为人们做决策时主要依据主观概率计算期望值。可以用如下公式表示:

$$SEU = \sum U(x_i)p(E_i)$$

公式中 SEU 代表主观期望效用,$U(x)$ 是结果 x 的效用函数,$U(x_i)$ 代表第 i 种结果带来的效用值,$p(E_i)$ 代表对事件 E_i 发生可能性的主观估计(斯科特·普劳斯,2004)。

期望效用理论和主观期望效用理论有四个重要假设:第一,占优性,是指决策者会选择具有优势的策略;第二,传递性,如果决策者在方案 A 和 B 中偏好 A,在方案 B 和 C 中偏好 B,那么在方案 A 和 C 中肯定偏好 A;第三,相消性(又称独立性),决策者对两个选项的选择不受第三个选项的影响;第四,不变性,是指人们不因问题的表述不同而产生不同的决策偏好(庄锦英,2006;王晓田、陆静怡,2016)。

如果决策者违背了这些原则,预期效用就无法达到最大化。但有趣的是,在现实中面临风险决策时,人们并未遵循上述原则选择期望效应最大的选项(Allais, 1953;Ellsberg, 1961)。期望效用理论和主观期望效用理论遭遇了研究者的挑战和质疑,其中就包括 Allais 悖论和 Ellsberg 悖论。

2. Allais 悖论和 Ellsberg 悖论

诺贝尔经济学奖获得者 Allais 于 1953 年提出了著名的 Allais 悖论,认为期望效用理论并不适用大多数的风险和不确定情况下的实际决策问题。他设计了以下两种二择一情景题供人们选择:

情景一:

A:100% 的机会得到 100 万美元;

B:10% 的机会获得 500 万美元,
　　89% 的机会获得 100 万美元,
　　1% 的机会一无所获。

情景二:

C:11% 的机会获得 100 万美元,
　　89% 的机会一无所得;

D:10% 的机会获得 500 万美元,
　　90% 的机会一无所获。

在情景一中,人们更偏好选项 A。而在情景二中,人们更偏好选项 D。显然,情景二中的两个选项(C、D)是情景一中的两个选项(A、B)消去"89％的概率得到 100 万"后形成的。也就是说,选项 A 消去"89％的概率得到 100 万"等于选项 C。即 $1(100)-0.89(100)=0.11(100)$,选项 B 消去"89％的概率得到 100 万"等于选项 D。即 $0.1(500)+0.89(100)+0.01(0)-0.89(100)=0.1(500)$。

根据期望效用理论的独立性原则,在情景一中选择 A 的理应在情景二中选择 C,因为他们不应该受到"89％的概率得到 100 万"这个选项的影响,但是实际上他们却选择了 D。这就是著名的 Allais 悖论。Allais 悖论使期望效用理论的独立性原则饱受研究者的质疑(李纾,2001)。

1961 年,Daniel Ellsberg 设计了两个精巧的实验对主观期望效用理论提出了挑战。其中一个实验直接针对独立性原则,在实验中有一个盒子装了 30 个红球和 60 个不确定概率的黑球和黄球。要求人们对下面两种情形下的四种行为进行选择,球的颜色将决定收益。第一种情形包括两种行为:行为Ⅰ:取出一个红球可以得到 100 美元,取出其他颜色的球什么都得不到;行为Ⅱ:取出一个黑球可以得到 100 美元,取出其他颜色的球什么都得不到;第二种情形也包括两种行为:行为Ⅲ:取出红球和黄球可以分别得到 100 美元,取出黑球什么都得不到;行为Ⅳ:取出黑球和黄球可以分别得到 100 美元,取出红球什么都得不到(庄锦英,2006)。

显而易见,上述两种情形的区别在于第二种情形多了一个有完全等同结果的状态,即取出黄球可以得到 100 美元。根据期望效用理论,人们在这两种情形下应该具有相同的选择偏好,如果在第一种情形下选择行为Ⅰ,那么在第二种情形下应该选择行为Ⅲ。但是研究结果却发现,在第一种情形下,大多数人偏好行为Ⅰ,而在第二种情形下,大多数人却选择了行为Ⅳ。表现出与 Allais 悖论中对独立性原则的违背一致的特点。Ellsberg 悖论对主观期望效用理论产生了严重的冲击。

3. 描述决策模式——有限理性决策

Allais 悖论和 Ellsberg 悖论提出以来,研究者又陆续积累了大量人们在实际决策中会违背独立性原则的实验证据。此外,Lichtenstein 和 Slovic 于 20 世纪 70 年代发现的偏好反转也表明了决策者在风险决策过程中会违反不变性原则。种种证据表明规范性模式完全理性决策具有很大的局限性，它不仅高估了人们的认知资源和计算能力，而且也忽视了人的非理性。为充分展示人类决策行为的复杂性，迫切需要新的理论分析，以客观描述人们的实际决策行为。

Simon 提出了具有开创性意义的"有限理性"理论（bounded rationality），他认为人是有限理性的，在认知能力有限和环境不确定的限制下，人们无法像理性经济人那样遵循规范化的决策规则选择效用最大化选项，而是遵循描述性的启发式规则选择相对满意的选项（Simon，1955，1978）。Kahneman 和 Tversky 通过大量实验证明了人类风险决策过程中的有限理性，并提出最具代表性的现代风险决策理论前景理论，开拓了一个全新的分析人类决策行为的研究领域。

Kahneman 和 Tversky 于 1979 年在《前景理论：风险条件下的决策分析》中首次提出前景理论来描述人类的决策过程。前景理论把风险条件下个人的决策过程分为编辑和评估两个阶段。决策者首先会在编辑阶段对问题进行建构，然后会根据价值函数和权重函数在评估阶段对建构完成的选项进行评估，选出最具效价的选项。

Kahneman 和 Tversky 发现，人们在建构过程中非常容易受决策问题呈现方式的影响，即框架效应。理性决策要求选择的偏好不会因为对同一问题表征框架不同而发生改变，但事实却恰恰相反，同一问题的不同表征方式导致了人们不同的风险偏好。已有大量研究证实框架效应的存在。例如著名的亚洲疾病问题（Kahneman & Tversky, 1981）。

假设有一种严重的亚洲疾病正在侵袭美国，预计将有 600 人会患病。现有两种治疗方案 A 和 B。在实验一和二中分别以不同的框架呈现 A、B 两种治疗方案。

实验一（N=152）：

如果实施治疗方案 A，将有 200 人获救。

如果实施治疗方案 B，将有 1/3 的可能 600 人全部获救，但也有 2/3 的可能无人生还。

实验二（N=155）：

如果实施治疗方案 C，将有 400 人死亡。

如果实施治疗方案 D，有 1/3 的可能无人死亡，但也有 2/3 的可能 600 人全部死亡。

结果显示,在实验一中,有72%的被试选择了方案 A,而在实验二中,有78%的被试选择了方案 D。事实上,方案 A 和 C、B 与 D 具有相同的实质,差异只在于呈现方式的不同而已。但为何会因呈现方式不同而出现如此大相径庭的差异呢?原因就在于框架不同导致的结果。实验一强调的是获救,获救是一种收益框架,在确定的收益面前,人们表现为风险厌恶,极不喜欢冒险,所以会更倾向于选择 200 人获救的方案 A。而实验二强调的是死亡,死亡是一种损失框架,当人们面对损失时则容易倾向风险偏好,人们希望通过冒险以避免可能出现的损失,因此会更倾向于选择方案 D。由此可见,不同的信息表征框架导致了不同的决策结果。

在前景理论中,影响人们形成收益或损失框架的还有一个重要影响因素叫参照点,框架的形成和对框架内选项的价值评价,都是建立在参照点基础上的。上述实验中,人们在不同情景中采用的参照点是不同的,因此导致了选择的差异化。在收益框架下,由于人们把没有人获救当作参照点,获救人数的多寡就成为收益,因此,大多数被试(72%)选择方案 A,表现出风险规避偏好;而在损失框架中,人们把无人死亡当作参照点,因此,大多数被试(78%)选择方案 D,表现出风险寻求偏好。

当个体完成信息编辑之后,进入评估阶段,主要依据价值函数和权重函数分别进行评估、加权和整合。如图 2.2 所示,价值函数为一条 S 形曲线,具有以下几个特点:

第一,人们一般会以当前现状为参照点,与现状相比,增加的部分被视为获益,减少的部分被视为损失。

第二,在获益区间,价值函数为凹函数(concave),损失区间,价值函数为凸函数(convex)。从价值函数可知,人

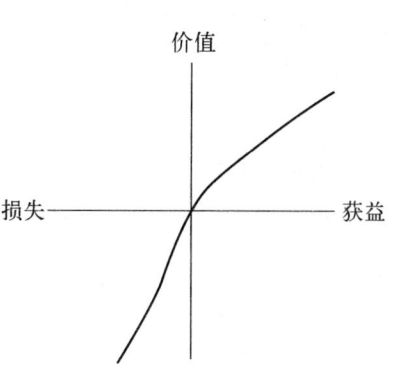

图 2.2 前景理论的价值函数
(转引自王晓田、陆静怡:《进化的智慧与决策的理性》,2016)

们获得 10 元与获得 20 元的心理上主观价值差异要大于获得 100 元与获得 110 元的差异。同样地,损失 10 元与损失 20 元的心理上主观价值差异也要大于损失 100 元与损失 110 元的差异。凹函数表明决策者在收益时倾向于风险规避,因为成倍的收益没有带来心理价值成倍的增加。而凸函数表明

决策者在损失时倾向于风险寻求,因为成倍的损失并未造成心理价值成倍的递减。

第三,价值函数曲线在收益区域平缓,而在损失区域陡峭,表明人们对损失比对收益更敏感。也就是说,损失给人们带来的痛苦程度要远远大于同等程度获得带来的喜悦程度。因此,损失的心理权重大于收益的心理权重,即损失厌恶。

前景理论运用描述性范式,对人类决策行为的许多现象都具有强大的解释力,堪称现代风险决策理论的代表理论。

4. 进化决策模式——生态理性决策

德国马普学会人类发展研究所心理学家 Gigerenzer 领导的 ABC 研究小组在西蒙和 Kahneman 等学者研究的基础上,从 20 世纪 90 年代中期开始对人类决策进行系统研究,认为人类的理性能够做到与现实环境(包括自然和社会环境)的要求相匹配,从生态学角度看就已经足够了。他们把这种理性称为"生态理性"。也就是说,Gigerenzer 等人认为,人类虽然可以进行复杂的计算和比较,但在不断的社会进化中,在与自然的适应过程中具备了一套心理捷径,可以快速地做出反应和决策,以适应外界环境的复杂因素。他们提出能够使有机体快速、节俭地作出推断和决策的启发式即可做出决策,而无须复杂的计算。启发式是指人们在决策时仅仅依赖一小部分信息,而忽略绝大多数信息的一种决策模式。它具有简捷的特点。"简"是指信息搜索的简化和依靠单一信息的决策;"捷"是指判断和决策过程有明确的步骤和停止原则(王晓田,陆静怡,2016)。

受 ABC 研究小组的影响,很多心理学家开始致力于研究启发式策略和其他策略在风险决策中的作用,并提出了一系列相关理论。例如中国学者李纾提出的"齐当别"模型(Equate-to-Differentiate Model)(1994)。该理论模型认为,人们做风险决策的依据不是把期望值最大化,而是找出选项中存在的优势性关系,把风险状态从最好可能结果和最坏可能结果两个维度进行表征,对某个维度上差别较小的两个可能结果"齐同"掉,然后在另一个维度将差别较大的两个可能结果作为抉择依据。

齐当别从行为和技术层面描述了个体在面对二择一问题情境下的认知过程。例如在著名的"亚洲疾病"问题中,正面框架下的选项是:方案 A 是肯定有 200 人会获救;方案 B 是 1/3 可能性 600 人获救,2/3 可能性会全部死亡。虽然 B 方案的最好可能结果要优于 A 方案,但是其最坏结果与 A 方案的差异非常突出,所以 B 方案的最好可能结果与 A 方案"齐同"掉了,人们把最坏可能结果维度作为最后决策依据,因此更多人选择了方案 A。

而在负面框架中的选项是:方案 C 肯定有 400 人死亡;方案 D 是 1/3 的概率无人死亡,2/3 的概率 600 人全部死亡。对这次选项的表征,虽然 D 方案的最坏可能结果要劣于 C 方案,但是 D 方案的最好可能结果与 C 方案的肯定结果的差异非常突出,所以 D 方案的最坏可能结果与 C 方案"齐同"掉了,人们把最好可能结果维度作为最后决策依据,因此更多人选择了方案 D。

综上所述,在风险决策理论的不断发展和完善中,研究者越来越发现心理因素在风险决策中的重要性。尤其是随着有限理性和生态理性假设的提出,人们更加认识到追求利益最大化并非决策的终极目标和一贯表现,人类的决策行为常常是有限理性甚至是不理性的。研究者开始越来越关注影响风险决策行为的内外因素,并强调这些因素的个体差异性。随着研究的深入,风险决策的研究领域日益扩大,开拓出更多的研究视角,这使得风险决策研究更加丰富和厚实。

三、风险决策的影响因素

研究发现,风险决策过程中普遍存在个体差异性和情境特异性,例如男性比女性更冒险,冲动型的个体更容易出现冒险行为。总而言之,综合以往文献可以发现,影响风险决策的因素主要分为两大类:一类为诸如人格和情绪等方面的个体本身的内部主观因素,一类为决策情境等方面的外部客观因素。Lopes(1987)的风险决策两因素理论也提出,个体因素和情境因素相互作用使得个体在风险状况下作出不同的决策。

1. 个体因素对风险决策的影响

从个体因素来看,决策者的诸多方面都会对风险决策产生影响,例如,Roussanov 和 Savor(2013)曾对两万多名公司 CEO 的调研发现,这些 CEO 的婚姻状况对公司风险管理有着显著的影响。与已婚的 CEO 治理下的公司相比,在单身的 CEO 治理下的公司其上市股票波动明显增高,更加偏好攻击性强的投资策略,并且缺乏对风险特征变化的反应,这种差别随着 CEO 年龄增大而减小(王晓田,陆静怡,2016)。此外,决策者的人格特征、情绪状态、决策风格、压力状态、权力高低等因素都会对风险决策产生影响,已有研究从多个视角进行了广泛而深入地探讨,实证研究颇丰,分别简要介绍如下。

(1) 人格特征

人格是个体在对人对己及对一切环境事物适应时所显示的异于他人的性格,人格特征是主要的个体差异变量之一,目前关于人格特征与风险决策的相关研究主要集中在以下几个方面:

首先,人格特征与风险偏好的相关关系研究。如 Kowert 和 Hermann (1997) 通过对大五人格和风险决策的研究发现,开放性与冒险性正相关,而责任心和宜人性与冒险性负相关。Nicholson, Soane, Fenton-O'Creevy 和 Willman(2005) 研究也发现,大五人格中的外向性、开放性与冒险正相关,神经质、宜人性、责任心与冒险负相关。Dahlen 和 White(2006) 研究发现,具有更高风险寻求特征的个体具有较高的外倾性与开放性和较低的尽责性与宜人性,但是并未发现个体的神经质对风险寻求的影响。

其次,人格特征和其他因素与风险决策的关系。如 Levin 等考察了人格特征与不同损益条件风险决策的关系。研究发现收益框架下高开放性与高风险相关,高神经质与低冒险相关;损失框架下,神经质可最佳预测冒险行为,高神经质与高冒险相关(梁竹苑,许燕,蒋奖,2007)。Weller 和 Thulin(2012) 研究发现,高度的正直诚实和受到羞辱会导致个体在收益框架和损失框架下都更冒险,情绪性会导致个体在收益框架和损失框架都更保守,低责任心只在收益框架下与风险倾向相关。李纾等(2008)在人格对风险决策的预测研究中发现,跨情境一致的风险寻求者和风险规避者,在人格的感知觉维度和感知判断维度上有明显差异。刘涵慧、周洪雨、车宏生(2010)运用 16PF 人格测验,考察了人格特征对不同类型框架下决策的影响,研究指出:风险框架中,敢为者倾向于选择高风险选项,忧虑型倾向于选择低风险选项;归因框架下,支配性越强,越倾向于做"健康"判断,敢为性越强,越倾向于做"安全"判断;敏感、忧虑、内向者,倾向于做悲观判断。忧虑特质较高者经常处在对事物的担忧中,特质性焦虑的产生也同样出于对未来不确定事物的担忧,正是对未来的恐惧,人们更倾向于规避高风险,选择小收益但更安全的选项。

(2) 情绪状态

情绪是人类生命不可分割的一部分,渗透于决策的方方面面。美国著名决策研究专家 R. Hastie 在 2001 年《心理学年鉴》上提出决策领域未来需要解决的 16 个问题,也是目前正在日益受到重视的问题,情绪就是其中之一,探讨情绪在决策中的影响机制,对决策研究的发展是一个极大的贡献(庄锦英,2003)。

关于情绪对决策时风险决策的影响,主要有三个研究视角:一是探讨预期情绪(anticipated emotion)的影响,二是探讨决策后情绪(post-decision emotion)的影响,三是探讨决策时情绪(decision process emotion)的影响。近期的研究主要集中在决策时情绪的作用问题上(刘永芳,毕玉芳,王怀勇,2010)。Johnson 和 Tversky(1983)研究发现,愉悦的情绪状态下被试表现更积极,且更冒险。消极情绪状态下,表现比平时更患得患失,比如在悲伤、难过甚至是害怕的消极情绪状态下,被试更倾向于选择保守的安全选项。Schwarz(2000)研究发现,人们在中性和愉悦情绪时比在悲伤时更倾向风险偏好。Lerner 和 Keltner(2001)研究发现,生气使人低估和趋近风险,而恐惧则使人高估和规避风险。Fessler(2001)发现,羞愧和自尊改变了成本—收益权衡中的风险倾向。Yuen 和 Lee(2003)对不同情绪状态影响重要生活决策的冒险倾向做了研究。他们把被试随机分成三组,通过电影视频诱发被试积极、悲伤和中性三种情绪,然后再完成一份决策问卷,通过决策问卷中被试对两难困境的抉择测量冒险倾向。研究结果发现,积极和中性情绪的被试比悲伤的被试更冒险,但积极和中性情绪的被试在冒险性上差异不显著。

总的来说,主要有三类假设用于解释情绪对风险决策的作用和影响:第一类假设认为,情绪通过认知改变决策中的风险偏好,也就是说决策时情绪是直接作为一种认知线索间接影响认知过程而改变风险偏好。Clore 和 Schwarz(1983)提出"情绪信息等价说"(feelings as information),认为情绪可以作为一种信息线索直接影响判断,决策者在决策时甚至不考虑问题本身,而是将当时的情绪作为判断的基础,过于积极或者消极的情绪状态,都会影响决策者的选择。Slovic(2002)的情绪启发式理论(the affect heuristic)认为,人们决策时的情绪通过简化认知过程而影响决策。Mayer 等人(1992)的情绪一致性效应假设认为,决策过程中的情绪状态改变了思维方式,从而使人们产生与其相一致的认知判断。

第二类假设认为,情绪直接影响决策中的风险偏好,也就是说决策时情绪无须经由认知的调节而会直接影响风险偏好。Leowenstein 等人(2001)提出"风险即情绪"模型(risk-as-feelings)。该模型认为,面对风险情境时,人们不仅会受到认知评估影响的预期情绪的影响,而且还会受到即时情绪(不受认知评估影响)的影响,这些情绪可以直接影响决策行为。

第三类假设认为,情绪状态通过影响决策动机从而影响决策中的风险偏好。Isen 和 Patrick(1983)的情绪维持假说(mood maintenance hypothesis)认为,人们在积极情绪状态下是为了维持积极情绪而避免冒险,在消极情绪状态时是为了改变消极情绪而倾向于冒险。Raghunathan 等人(1999)认为,高焦虑者比一般人对负性结果的感受更强烈,所以他们的风险回避倾向,可能并不是为了回避失败,而是为了避免失败给自己带来的强烈情绪刺激。

(3) 决策风格

在决策过程中,有的人当机立断、坚毅果敢,有的人举棋不定、优柔寡断,有的人谨小慎微、稳扎稳打,有的人大胆冒进、勇于创新,这些在决策过程中表现出来的比较稳定的特征就是决策风格。Sternberg(1999)在著作 *Thinking styles* 中论述了能力和风格的关系,认为能力是个体能否高效地完成任务,风格是个体完成任务时采用的方式。Rowe(1983)认为所谓决策风格是个体在决策过程中对问题做出反应的独特方式,它体现了个体的认知方式和价值观以及处理压力时的习惯性思维方式。

决策风格与决策关系的研究始于 20 世纪 80 年代,早期研究主要集中于组织行为领域,认为决策风格可以影响诸如决策质量、行动偏差等策略性决策的过程和结果。近期研究关注决策风格与风险决策的关系。余嘉元(2001)以大学生为研究对象,研究发现人们的风险偏好和他的决策风格呈显著相关,在风险偏好方面属于理智型的人,决策风格大多数为条理型和思索型;属于风险回避型的人,决策风格大多数为判定型;属于风险追求型的人,决策风格大多数为启发式型;在风险偏好方面属于复杂型的人,决策风格大多数为思索型。周蕾、李纡等人(2014)研究指出,决策风格与个体的风险偏好间存在相关:ST(感觉—思维)型个体在对扩大资本项目做出评估时,会看到最高的风险而不愿意采纳投资方案,而 SF(感觉—情感)型个体对风险容忍度更高,更愿意采用高风险方案。

(4) 过度自信

过度自信是人们在判断与决策中非常容易出现的普遍问题。最早关于过度自信的科学研究来自 Stuart Oskamp 于 1965 年开展的实验,实验以 8 位临床心理学家、18 位心理学专业的研究生和 6 位心理学专业的本科生为被试,要求他们阅读一个关于"约瑟夫·基德"的个案,个案一共包括四个部分,读完每个部分都要回答对"基德"人格形成临床判断的 5 个相同的问题,并且对自己回答的正确率从 20%(毫无信心)至 100%(完全确信)做出评估。研究发现,所有被试对自己判断的自信心都随着阅读信息量的增大而增加,但事实上准确度并非如此,表现出了过度自信的情况,例如在阅读完第四部分后有超过 90% 的被试对回答过于自信。

研究表明,与他人相比时,人们习惯性地认为自己的才能要优于平均水平,这种"优于平均效应"的心理特征影响了个体的决策和判断,容易出现过度自信。过度自信是指当人们对自己决策和判断的正确性进行估计时,夸大其决策和判断的正确性的现象。Morre 和 Healy(2007)在梳理以往文献基础上,把过度自信的要义归纳为三种表现形式:过高估计他人的实际表现;与他人对比过程中过高定位自己表现;对自己的判断过于确定。

学者们关于过度自信对风险决策的影响开展了深入的研究。大量研究表明,过度自信导致了个体的高风险偏好。王大伟、胡艺馨、时勘(2014)对过度自信与风险决策进行了研究,运用自编《过度自信问卷》:问卷包含 10 道关于一般性知识而非专业知识的题目。每一题目后两个选项,每个选项要求被试在李克特 5 点量表上对自我做出这一选择的自信心水平进行评估,其中"1"代表 50% 至 60% 的把握正确完成这一题目,"5"代表 90% 至 100% 的把握正确完成这一题目。研究结果显示过度自信显著影响风险偏好,并且高过度自信比低过度自信个体更加倾向于风险寻求。研究者认为过度自信水平较高的个体往往低估小概率事件发生的频率,对自我决策持有较高的效能感。

在经营管理领域,研究者发现管理者过度自信与风险偏好的关系。管理者过度自信一方面可以提高管理者承担风险的能力,另一方面也越容易选择高风险的投资。Lin,Hu 和 Chen 等人(2005)对中国台湾的各大公司企业进行了一系列相关研究,发现过度自信的管理者比那些理性的管理者具有更高的风险倾向,会将自己的公司拖入过度投资的洪流之中。此外,过度自信的管理者在债务选择上也有明显的倾向和特点。Hackbarth(2004)的研究表明,过度自信的管理者比理性的管理者更倾向于选择更高的负债水平。这是由于过度自信的管理者容易高估投资项目的盈利能力,低估投资项目的风险而导致的。Landier 和 Thesmar(2005)对法国新创立的 39 000 家企业进行实证研究发现,过度自信的企业家更多地利用短期负债。与偏好风险更低的长期负债相比,短期负债的风险更高,也更受冒险家青睐。Malmendier 和 Tate(2005)对企业的债务结构进行分析发现,当一家企业的管理者是过度自信的,会更倾向于使用比外部资金更有风险的内部资产去应对债务危机,但是也带来了可能的债务风险隐患(闫永海,孔玉生,2010)。

(5) 压力状态

当个体处于压力等非常规状态时,会出现意识狭窄、思维僵化等状况,风险决策偏好也将出现变化。Starcke 等(2008)通过骰子游戏任务(the Game of Dice Task,GDT)检验压力状态对风险决策的影响。首先,让 20 位被试预期发表公开演讲诱发压力状态。然后用问卷调查和内分泌指标(唾液皮质醇和 α-淀粉酶)评估压力水平。两种指标都表明言语预期导致压力增加。实验运用被试猜骰子点数测试风险偏好水平,被试每次可以猜测 1 个到 4 个点数(1~6),这些点数的个数分别对应猜对赢或者猜错输 1 000 元、500 元、200 元和 100 元,猜的点数越少,正确的概率越低,例如猜 1 个点,正确的概率为 16.7%,但赢钱多同时若是猜错的话输钱也多;若猜 4 个点,正确的概率则为 66.7%,但赢钱少且输钱也少。结果发现,对演讲预期的压力会导致被试对那些高回报但同时也是高损失的选项表现出偏好,而且被试的 GDT 表现与皮质醇水平呈显著负相关。国内也有研究发现,时间压力限制了被试在风险决策中进行更加全面的思考,导致更直观的思维,触动内心更强烈的安全需要,反映出更加保守的决策选择(刘涵慧,周洪雨,车宏生,2008)。

压力状态下风险倾向增加的现象同样发生在青少年身上。让青少年被试在压力状态下完成气球模拟风险决策任务(the Balloon Analog Risk Task,BART)。结果发现,在压力状态下被试冒着气球爆破奖励清零的风险仍选择不断给模拟气球充气,表现为风险偏好行为倾向(Johnson, Dariotis, & Wang, 2012; Reynolds et al., 2013)。此外,研究也发现日常生活中经历的压力也会增加决策任务中的风险偏好(Galván & McGlennen, 2012)。

此外,权力也是影响个体心理和行为的重要变量。近年来,有关权力的社会认知研究显示,权力的体验会深刻影响个体的心理加工过程和人际互动过程(Keltner，Gruenfeld，& Anderson，2003；Guinote，2007；Magee & Smith，2013)。在这些影响中，权力对个体决策的影响引起众多研究者的关注。关于权力对决策影响的相关成果将在下一章做详细介绍。

2. 情境因素对风险决策的影响

人是情境动物，个体有限的认知极易受到情境的干扰和影响，决策和判断具有情境依赖性。在风险决策中导致个体冒险或保守的原因，一方面取决于人格特征、情绪状态、决策风格等决策者本身的因素，另一方面也取决于外部的任务特征或者情境因素。研究发现，不依赖于外部任务特征或情境因素的决策是不存在的，风险决策是以风险情境为背景的决策。多年来，针对情境因素如何影响风险决策，研究者开展了充分的探讨和分析，发现诸如决策者角色、风险概率等任务特征或情境因素，都是影响个体风险偏好的因素。

(1) 决策者角色

决策者角色主要是指决策者是为自己决策还是为他人决策，学术界又称自我—他人决策，在心理学研究中，对自我与他人的研究虽然已历经几十年，却仍然吸引着研究者的高度关注。研究发现，在描述、判断、解释和预测自我与他人的行为时，都存在自我—他人差异(王晓田，陆静怡，2016)。李纾、毕研玲和饶俪琳(2011)在一项研究中，通过电子邮件的方式联系了980位曾在 Science 和 Nature 上发文的作者，要求他们判断两份杂志中哪份杂志在2006年的影响因子更高，结果回收有效数据107份，其中有60.8%的Science 发文作者选择了 Science，而71.4%的 Nature 发文作者选择了Nature。作者们普遍认为自己发文的杂志拥有更高的影响因子。其实他们的判断正确率只有44%。说明人们在对自我和他人评价时存在较大差异。事实上，在风险决策研究领域中也不例外，大量研究发现人们进行风险决策时存在自我—他人决策偏差。

第一种观点认为当人们为他人做风险决策时更冒险。Hsee 和 Weber (1997)发现，人们在自我决策时往往比较保守，而在估计他人会做出什么样的决策时就会趋于冒险，出现风险偏好反转。徐惊蛰和谢晓非(2011)发现，自我决策比为他人提建议在更大程度上受可行性高低的影响，更偏爱可行性高的选项，即更保守。Sun 等人(2017)设计实验让被试分别为自己和同学在扑克牌游戏中作选择，当获得或损失确定数量的金额后，他们可以选择停止游戏，也可以选择继续游戏，有可能获得更多，但也有可能会损失更多。

结果发现,被试在收益框架下为他人比为自己更偏好风险。Ziegler 和 Tunney(2015)采用一个经济决策任务让被试为自己和他人做选择,实验结果发现,在收益框架下被试为他人决策的冒险率显著高于为自己决策的冒险率,表明为他人决策比为自己决策时被试更倾向于风险寻求。

第二种观点认为人们为自我做风险决策时更冒险。然而,也有一些相反的发现。Wallach 和 Wing(1968)比较了自己和预期同伴的风险选择,发现被试认为自己比同伴更为冒险,而且向往的选择往往比实际选择更冒险。为了解释这种结果,他们提出了风险即价值假设,认为风险是有价值的,因此:(1)人们认为冒险是一种值得推崇的品质;(2)人们认为自己比他人更加具备这种可贵的品质。Stone,Yates 和 Caruthers(2002)的研究支持了这种发现和假设。Guo 等人(2010)采用触棒迷津任务探讨局中人和局外人的风险偏好,发现局中人倾向于选择高风险高回报方案,而局外人倾向于选择低风险低回报方案,也在一定程度上支持了上述发现(段婧,刘永芳,何琪,2012)。

第三种观点认为人们为自己和为他人做风险决策时的偏好不存在差异。例如 Stone 等人(2002)让被试从 15 个决策情境中为自己和为他(她)们的朋友进行选择,每个情境都由一个确定选项(如确定收益 100 元)和一个风险选项(如 50% 的概率获得 200 元)所组成。结果发现,自我—他人决策在风险偏好上不存在显著差异。

(2)风险概率

Tversky 和 Kahneman(1992)指出,个体会高估小概率事件而低估大概率事件。例如,当个体面对.05 的客观概率获得 100 美元时的主观概率竟高达.12,而面对.95 的客观概率获得 100 美元的主观概率却只达到了.75。他们认为发生此种现象的原因是个体对概率信息的估计是通过边界递减原则(diminishing sensitivity)而非通过经济决策的概率运算法则进行的。也就是说,个体在评估不确定事件时,会出现两个参照点:确定的事件($p=1.0$)和不可能发生的事件($p=0$)。由于风险概率与这两个参照点距离的定量变化会导致边界敏感性递减。比如,当风险概率从.9 到 1.0 或从 0 到.1 时,比风险概率从.3 到.4 或从.6 到.7 时,个体的主观变化感受要更加强烈。

他们进一步提出,个体高估小概率事件而低估大概率事件导致了风险决策态度的四重模式:人们在收益框架下的小概率事件中倾向于风险寻求;在收益框架下的中大概率事件中倾向于风险规避;在损失框架下的小概率事件中倾向于风险规避;在损失框架下的中大概率事件中倾向于风险寻求。

但也出现了不一致的实验结果,例如 Harbaugh(2001)的研究发现,在收益框架下,概率越高,个体越倾向于风险寻求;概率越低,个体越倾向于风险规避;在损失框架下,个体的风险偏好发生反转,也就是说概率越高个体越倾向于风险规避。王波(2014)研究发现,在收益框架下,高概率风险水平下个体的风险偏好出现显著差异,人们对风险方案的偏好显著多于对保守方案的偏好。

人们的风险感知和决策偏好如何受到小概率和高后果事件的影响进一步引发了研究者们的兴趣。李金珍、李纾、王文忠、饶俪琳和刘欢(2011)的一项研究中,以 2008 年中国遭受严重雪灾作为小概率事件,选取受灾严重地区湖南省郴州市的居民为实验组,未经历雪灾地区江苏省连云港市的居民为对照组,研究两组被试在得失框架下的风险偏好差异,研究结果发现,在以下两个问题中两组被试存在显著差异:(1) 1‰可能损失 3 000 万元和肯定损失 3 万元你会怎么选?(2) 1‰可能获得 1 万元和肯定获得 10 元你会怎么选?在第一个问题中,遭受雪灾影响的被试中有 41.7%选择了确定损失 3 万元,而在非灾区的被试中仅有25.8%选择了该选项,两者的差异表明遭受雪灾后的被试更容易高估小概率事件的发生,出现更多的风险规避行为。在第二个问题中,有 84%的雪灾地区的被试选择了有 1‰可能获得 1万元,而非雪灾地区的被试仅有 74.6%选择了该选项。说明雪灾地区的被试更容易高估小概率事件的发生,因而选择了小概率的收益选项,出现更多的风险偏好行为。

该研究又进一步以汶川地震为小概率事件,选取地震发生后 2 个月灾区的中学教师为实验组,非地震灾区的中学教师为对照组进行比较,结果发现,地震灾区的教师比非地震灾区的教师认为小概率事件更有可能发生,表现出对小概率收益的风险偏好。此外,研究还发现,对于购买保险和彩票这样的小概率事件,地震灾区教师的购买意愿都要高于非地震灾区的教师,越倾向于购买保险和彩票就意味着认为小概率事件越可能发生,也就是说地震灾区的教师比其他地区的教师更高估小概率事件发生的可能性,有更多的风险偏好行为。

第三节 得失框架的提出与相关研究进展

一、得失框架的提出

1981年，Tversky和Kahneman在 *Science* 上发表"The Framing of Decisions and the Psychology of Choice"一文，首次提出框架效应。框架效应是指对相同信息的不同表征导致决策不同的现象。亚洲疾病问题是Tversky和Kahneman在介绍框架效应时所使用的最经典例子，研究者从两种不同角度描述选择方案，尽管选择方案的本质含义相同，但是不同的描述方式导致了不同的选择结果。被试在收益框架下关注存活率，倾向于回避风险，选择了保守方案。而在损失框架下关注死亡率，选择倾向发生反转，选择了冒险方案。框架效应的提出有力佐证了人类决策行为中的非理性，能够被信息表征形式所影响。

由于以往关于框架效应的研究主要集中在风险决策领域。风险决策主要涉及"风险"和"金额"两个部分，经典框架效应中，"框架"主要是对"金额"做了"得"或"失"的不同表征，因此经典的框架效应也可称之为"得失框架效应"（马文娟，索涛，李亚丹，罗笠铢，冯廷勇，李红，2012），而收益、损失框架又简称为得失框架（Tversky & Kahneman, 1981）。得失框架效应一经Kahneman和Tversky提出，就迅速赢得研究者们的青睐，成为近年来决策研究领域的新宠。

迄今为止，得失框架仍然是各方学者关注的焦点之一。心理学、经济学、管理学、政治学、传播学和其他领域的学者们纷纷从不同角度进行了探索，开展了多样化的研究。这些研究既包括讨论得失框架效应是否存在的验证性研究，也包括对框架效应机理的理论解释、影响因素及其对其他变量影响的实证研究等。

二、得失框架的相关研究进展

近年来，随着风险决策研究的深入，对得失框架这种决策偏差的研究范围和深度也在不断延伸。

首先，框架信息的表征：从语言到问题结构。Kahneman和Tversky关于亚洲疾病的研究堪称框架效应研究的经典,研究运用正负面不同的语言陈述形式表达同一个问题,使决策者分别以收益框架和损失框架表征问题导致决策差异。事实证明,不同的表述形式可以影响人们的决策结果,导致决策偏差。Davis 和 Bobko(1986)指出,对就业机构不同的客观描述可以影响人们对该机构的评价:当看到"该机构安置了 39.9%报名者"的信息时人们会做出积极评价,而看到"该机构对 60.1%的报名者不能予以安排时"则会做出消极评价。事实上,安置了 39.9%的报名者和未能安排 60.1%的报名者的实质意义完全一致,但是,人们更容易对积极信息给予肯定评价,而对消极信息给予否定评价。

除了运用语言陈述表征差异,框架效应同样也可以通过问题结构表征差异。例如下述实验(Kahneman & Tversky,2000):

问题 1　请 86 位被试在下列 A、B 两个选项中做选择:

A. 25%的可能性得到 240 美元;75%的可能性损失 760 美元。(0%)

B. 25%的可能性得到 250 美元;75%的可能性损失 750 美元。(100%)

显而易见,在上述两个选项中,选项 B 肯定优于选项 A,实验结果也确实是所有被试都选择了选项 B,表现出明显的风险规避。然后选取了 150 位被试对问题 2 做出选择。

问题 2　包括两个小问题,第一问是在 C 和 D 中做出选择:

① C. 肯定获得 240 美元;(84%)

D. 25%的可能性获得 1 000 美元,75%的可能性一无所有。(16%)

问题二是在 E 和 F 中做出选择:

② E. 肯定损失 750 美元;(13%)

F. 75%的可能性损失 1 000 美元,25%的可能性一文不失。(87%)

结果有 73%的被试选择 C 和 F,只有 3%的被试选择 D 和 E,表现出明显的风险寻求偏好。事实上,问题 2 中,C 和 F 的结果与问题 1 中的 A 选项是相同的,D 和 E 则与 B 选项相同。而且理智地看,D 和 E 要优于 C 和 F。但是在问题 2 中,人们的选择却出现了非理性的偏差。究其原因,主要是人们出现了框架效应,以至决策产生偏差。

其次,框架效应类型:从风险选择框架到属性框架效应和目标框架效应。Levin,Schneider 和 Gaeth(1998)在以往研究的基础上总结了三种框架效应:风险选择框架效应、属性框架效应和目标框架效应。所谓的风险选择框架效应是指,当人们面对无风险的确定选项和有风险的不确定选项两种选择时,用积极的框架还是消极的框架描述会直接影响人们的风险偏好。"亚洲疾病问题"就是最典型的例子。所谓的属性框架效应是指,当一个物体或事件的某个关键属性用积极框架或是消极框架描述时对人们喜爱该物体或事件的影响。例如 Levin & Gaeth(1988)在研究中发现,人们对牛肉的喜爱程度与对牛肉的描述有关,将牛肉分别用 75% 瘦肉和 25% 肥肉描述时,人们更喜爱有 75% 瘦肉的牛肉(即用积极框架描述的牛肉)。所谓的目标框架效应是指,当某信息注重强调做完后某事后能带来积极效果,或是不做某事后将带来消极效果,会极大地影响该信息的说服力。一般来说,采用消极框架陈述信息比采用积极框架陈述信息更具有说服力。

第三,框架效应具有稳定性和系统性。大量研究发现,即使是具备专业知识和丰富经验的专家,也和新手一样在决策中出现了得失框架效应,框架效应的出现具有一定的稳定性。McNeil, Pauker, Sox 和 Tversky(1982)曾做过相关研究,实验招募了 238 位患有各种慢性疾病的门诊患者,424 位放射科医生,491 位学习过统计学和决策理论的研究生,作为被试,被试分为两组,分别通过预期寿命和死亡率向他们呈现肺癌治疗的信息,分别让他们在治疗方案中做出选项。用预期寿命呈现的信息如下:

假如你罹患某种绝症,你会选择下面哪种治疗方式?

外科手术 1:在 100 个接受手术患者中,有 90 人手术成功,有 68 人一年后仍活着,有 34 人 5 年后还存活。

放射治疗 1:在 100 个接受放射治疗的患者中,所有人治疗后仍存活,有 77 人一年后还活着,22 人 5 年后还活着。

用死亡率呈现的信息如下:

假如你罹患某种绝症,你会选择下面哪种治疗方式?

外科手术 2:在 100 个接受手术治疗的患者中,有 10 人手术失败致死,有 32 人一年后死亡,有 66 人 5 年后死亡。

放射治疗 2:在 100 个接受放射治疗的患者中,无人在治疗后死亡,有 23 人一年后死亡,78 人 5 年后死亡。

第一组以预期寿命描述问题,只有 18% 被试选择了放射治疗。第二组以死亡率描述问题,有 44% 被试选择了放射治疗。显然,在死亡框架里,从术后 10 人的死亡到放射治疗的无人死亡,死亡人数的锐减,使得医生、研究生和患者身上均发现了明显的框架效应,表明外行和专家都会受到框架效应的影响,框架效应具有较强的稳定性。此外,框架效应的存在也是系统性的,也就是说无论是在生命问题还是金钱问题的决策中都存在框架效应。

第四节 权力感对风险决策的影响

在领导决策中,权力感是影响风险决策偏好的重要因素。关于权力感究竟如何影响风险决策,研究者做了很多相关探索。Anderson & Galinsky(2006)通过五个实验验证了:(1)权力感与乐观知觉有显著相关;(2)权力感高的被试会低估风险感知中的危险;(3)被试在损失框架比在收益框架更偏爱风险选项,高权力感被试比中立条件和低权力感被试更偏爱风险选项,但是,低权力感与中立条件没有差异。显示激活高权力感驱使人们更冒险,但激活低权力感不会导致人们更加风险规避。权力感启动与得失框架之间没有显著的交叉效应。这些研究发现更加支持了权力感与风险决策的关系;(4)权力感增加了实际的风险行为。总的来说,权力感会增加风险感知中的乐观,从而导致更高的风险行为。

管延华、迟毓凯、戴金浩(2014)以大学生为被试,发现无论在收益还是损失框架下,高权力感被试都有更加明显的风险偏好。段锦云等(2016)在研究中发现,高权力者在收益和损失框架下对风险的偏好不同,在收益框架下更加偏向保守选项,而在损失框架下更加偏爱冒险选项。

总的来说,不同个体对风险情境中的收益和损失的敏感度不同,有人更加关注风险中的收益,有人对损失更敏感,这些敏感度的差异也就决定了个体的风险感受阈限的差异,感受阈限较低的个体容易产生风险寻求倾向,而感受阈限较高的个体则更容易产生风险规避倾向。研究表明,权力感的差异恰恰是左右风险阈限的重要因素。以往研究关于权力感和风险决策偏好之间的关系,主要体现在以下几个方面:

一、权力感与风险决策行为呈正相关

大量研究表明,权力感与风险决策行为存在正相关。Anderson等(2003)研究表明,高权力者在风险决策过程中更加关注正面信息,如奖励和

奖金的正面激励，容易忽视风险情境中的威胁因素，决策过程中会相对乐观和冒险。从权力的接近—抑制理论来看，高权力激活了行为的接近系统，从而使拥有权力者在固有的风险活动中更加关注潜在的回报，更少关注潜在的危险。因此，权力感会提高风险知觉中的乐观，这将导致风险行为的增加。

从社会距离理论推断，高权力会导致风险偏好。社会距离理论主要从建构水平理论来解释权力效应，建构水平理论认为，风险特征中的主观效用特点是高建构水平特征，概率是低水平构建特征，主观效用决定了实现结果的好坏，概率决定了实现结果的可能性。根据社会距离理论，高权力者的建构水平更高，低权力者的建构水平更低。Lermer等（2015）研究表明，与低建构水平的被试相比，高建构水平的被试更加关注金额而非概率，表示高建构水平的个体更冒险。陈海贤和何贵兵（2011）的研究结果同样表明，与低建构水平的被试相比，高建构水平被试对风险选项的主观值判断更大，而且对金额赋予更大权重，对概率赋予较低权重，研究结果都显示高建构水平被试的冒险倾向更大。

二、权力感与风险决策行为呈负相关

学者们对权力感和风险决策的相关理论、概念等方面的阐述和探讨为深入地研究权力感和风险决策问题提供了重要的基础。虽然在权力感与风险偏好决策之间，大量研究表明，权力感在大多数情况下会增强个体的冒险程度，但在某些条件下也会有相左的现象。

人们的直觉认为，权力的缺失与风险偏好有关，而且有一些经验性证据支持了这种直觉。例如，社会经济地位低下（SES）的人与高风险性行为，如吸毒行为习惯有关（Adler et al.，1994；Capaldi, Stoolmiller, Clark, & Owen et al.，2002；Marmot, Shipley, & Rose, 1984）。社会排斥会产生更多的风险行为和自我挫败行为（Twenge, Catanese, & Baumeister, 2002）。此外，一些动物研究也出现了这种现象，即低等级的动物个体为了摆脱不利环境而甘做任何冒险的事情。如低等级的雄性长尾猴比高等级的有更多的冲动性暴力（Fairbanks, Melega, Jorgensen, Kaplan, & McGuire, 2001）。事实上，冲动性暴力是低等级猴子爬上阶层的一种途径。

从以上观点可以推导，由于通过冒险行为不致使低权力个体丧失什么，因此低权力个体容易变得更加冒险。但是风险的消极结果一旦实现，高权力者就会失去对有效资源的控制;因此,有权者可能会对失去他们已拥有一切感到害怕而选择保守行为。而无权者由于不担心失去会选择冒险的逻辑与前景理论一致(Kahneman & Tversky,1979)。前景理论认为,人们在"失"的时候会更冒险,缺乏权力相当于人们在"失"的领域,而拥有权力相当于人们在"得"的领域,因此认为权力感应该与冒险行为是负相关。

三、权力感影响风险决策的调节变量和中介变量

在心理学研究中,调节效应和中介效应是深入探讨变量之间因果关系会引入的重要分析方法。在权力感与风险决策的关系中,除了权力高低这个维度,还存在着很多其他影响因素,在两者之间起着调节作用。美国心理学家勒温归纳了人类外显行为及其内隐心理的关系:Behavior=f(Personality,Environment)。意指人类行为受到个体内在因素和情境因素双重影响,人格、动机等是个体比较稳定的内在因素,权力合法性、稳定性等是比较典型的情境因素。虽然人格、动机比较稳定,但是情境因素同样不容忽视,菲利普·津巴多所著的《路西法效应》透彻解释了"情境力量"对个人行为的影响。下面从内外两个方面阐述影响权力感与风险决策关系的调节变量。

1. 调节变量涵义及作用

如果在以往研究中出现较多的自变量与因变量的关系不一致的情况,例如有的研究结果是正向关系而有的研究结果是负向关系,有的研究结果两者因果关系存在,而有的研究结果因果关系消失,导致这种情况的原因极有可能是因为一个或多个潜在的调节变量在起作用,如果适当地引入调节变量的分析,可以更清晰地展示自变量和因变量之间的关系。也就是说,调节变量所要解释的是自变量在何种条件下会影响因变量,如果自变量 X 与因变量 Y 的关系受到第三个变量 U 的作用,此时 U 是调节变量,影响 X 和 Y 之间关系的方向(正或负)和强弱(温忠麟,叶宝娟,2014)。

调节变量界定了自变量和因变量之间关系的边界条件,既可以是质性变量(如性别、个性),也可以是量化变量(如重视程度、动机水平)。例如,负性生活事件和青少年早期抑郁的关系,往往受到父母教养行为的影响:当父亲积极教养行为水平较低时,青少年的抑郁水平随负性生活事件的增多而显著上升,当父亲积极教养行为水平较高时,负性生活事件对抑郁无显著预测作用,从而父母教养行为是调节变量(王美萍,郑晓洁,夏桂芝,刘迪迪,

陈翩,张文新,2019)。调节效应分析的目的是探究自变量何时影响因变量或何时影响较大(Baron & Kenny,1986;Muller et al.,2005)。

2. 权力动机作为调节变量

动机是指引起个体活动,维持已引起的活动,并促使该活动朝向某一目标进行的内在作用(张春兴,2003)。权力动机也称权力需要和权力欲望,是人们最基本的动机,也是社会和组织情景中最普遍的动机。McClelland(1961)在著名的"成就—动机理论"中提出了三种人类基本的动机需要:对权力的需要、对社交的需要和对成就的需要。对权力的需求是人类的基本需求之一。本研究选取权力动机(power motive)作为权力感和风险决策两者关系的内在调节变量。

在 Slovic(1964)看来,冒险行为在实质上是多维度的,很容易受动机影响。动机是推动个体活动以达到一定目的的内部动力,是个人行为的直接原因。权力动机是指个人在团体情境中,在心理上所怀有的一种强烈影响别人或支配别人的欲望,是促使个体获取影响力的内在动力(Fodor, Wick, & Conroy, 2012)。虽然类似一般意义上的"权力欲",但在心理学上的涵义,两者并不完全相同。研究者认为权力动机相对稳定,而且存在个体差异,有的人权力动机强烈,而有的人权力动机低下。根据心理学家研究发现,权力动机强烈的个体,对社会事务兴趣更为浓厚,而且非常愿意影响他人,获取地位、名誉和威望(McClelland, 1970)。他们对于个人风险的回避要低于低权力动机的成员,为了达成组织目标,他们甘冒更多的风险,承担更大的压力。

McClelland(1970,1975)通过对权力的系统研究发现,权力动机可以进一步分为个人化权力动机和社会化权力动机两大类。所谓的个人化权力动机(personalized power motive)是指权力动因为己,倾向于运用其所具有的权力追求个人所得。个人化权力动机强的个体,在行为表现上的特点如下:(1)喜欢参与社会活动;(2)热衷追求权力和地位;(3)视物质条件为最高价值。所谓的社会化权力动机(socialized power motive)是指考虑他人利益,能够运用自身所具有的权力做出有利于他人的亲社会行为,社会化权力动机强的个体,在行为表现上的特点如下:(1)关心社会;(2)以自己的专长为人群服务;(3)以服务为目的的团体领袖。本研究中,更多是指个人化权力动机对权力感影响风险决策的调节作用。

相关研究证实,社会交往过程中人们的注意、记忆等低阶认知活动以及社会推理和决策等高阶认知活动都可能受到权力动机的影响(Magee & Langner, 2008; Schultheiss & Hale, 2007; Wang, Liu, & Yan, 2014; Wang, Liu, Yang, Zhang, & Yan, 2017)。从人们的动机来看,高权力者有维持已经掌握的权力状态的动机,而低权力者则有掌握权力的动机和意愿(Maner et al., 2007)。Galinsky 等人(2003)研究发现,权力动机影响了领导者的亲社会行为和反社会行为的倾向。Kark 和 van Dijk(2007)研究发现,在权力动机的影响下,领导者对下属的行为指示也产生了差异。Magee 和 Langner(2008)研究发现,个人化权力动机和社会化权力动机对领导者的决策行为表现影响差异较大,个人化权力动机促使领导者做出利己主义的决策,而社会化权力动机促使领导者做出利他主义的决策。

权力带来的物质享受和精神愉悦使人们对权力普遍有一种渴望和欲求,人人具备一定的权力动机是众多权力理论的基础(Maner, Gailliot, Butz, & Peruche, 2007)。正是因为对权力的这种欲望,高权力者在行为上表现出更多的接近和主动行为,在情绪上也更加积极,而低权力者在行为上出现的抑制行为更多,情绪上也更加消极(Keltner, Gruenfeld, & Anderson, 2003)。但是相关研究表明,高权力只是个体主观认为自己有承担风险的能力,并不一定表示有做出风险行为的意愿,冒险行为的行动,很大程度依赖于个体的权力动机程度。高/低权力者的风险行为存在权力者与权力动机错位的情况。一旦当低权力者有较高的权力动机时,其冒险倾向也将大大增加(Maner, Gailliot, Butz, & Peruche, 2007)。McClelland 在多年的研究生涯中发现一个有趣的现象,凡是对工作成就动机高的个体,对人事问题兴趣却不高。也就是说,对工作成就动机高者却显示低的领袖欲望(McClelland, 1975)。

因此,根据权力动机的强弱,基本上可以划分四类人群:高权力和高权力动机,高权力和低权力动机,低权力和高权力动机,以及低权力和低权力动机。所以说低权力者的风险承担能力较小,仅仅是指低权力动机的低权力者的情况。当低权力者具有较高的权力动机时,会出现风险偏好反转的情况。因为与高权力者相比,低权力者甚至是无权者由于拥有非常少甚至没有资源,所以他们不害怕因为风险决策带来最坏后果中的损失,因为对他们而言,即便失败也只是失去了原来很少的资源,一旦成功却可以获得更多资源。段锦云(2013)研究发现,一个组织中的建言行为具有一定的风险,当低权力者具有较高的权力动机时,会表现出更多的建言行为,即低权力高权力动机者具有较高的风险偏好。

那么获得权力位置对具有高权力动机的人会带来什么结果?首先,与权力作为目标实现的一种方式相一致,拥有权力通常伴随着积极效应的体验。有证据表明,积极效应的体验会提升风险厌恶,尤其当潜在损失比较显著时。风险厌恶会激发人们避免有风险的决策,因为风险性的选择与潜在损失有内在关联。权力动机高的个体在获得权力位置后所体验到的积极状态,会增加风险厌恶的可能性。

其次,权力会使权力动机高的个体对失去权力的可能性保持高度警惕。事实上,权力导向的个体通常不仅受到获得权力的驱动,还同时具有保持权力位置的担心,因而有权力的个体通常会设计相关策略以增强维持权力的能力。因此,权力有可能会引发保守的决策,目的是为了维持某些个体在等级制中的现有位置,对高权力动机的个体而言尤其如此。

当高权力者的权力动机较高时,个体会尽量维持现状,保持已有的地位和资源,这种情况在高权力动机的领导者面临权力威胁的时候表现最为突出(Maner et al., 2007)。Maner等人(2010)研究发现,领导者的行动一般都会与组织目标一致,但是一旦当领导者的权力不稳定时,他们的行为就会受到权力动机的影响。权力动机能较好地调节权力对风险决策的影响,当然这一观点还需要更多的实证研究支持。

3. 权力稳定性作为调节变量

从某种意义来看,问责和权力的合法性都与稳定性有关,当个体被问责或者权力不合法时,实际上意味着权力受到威胁,即权力的不稳定状态。研究表明,权力的稳定性与人们的行为和心理关系紧密,如压力感、自我服务行为和风险偏好等。当现状改变,权力等级不稳定时,低权力者体验到的压力较小,冒险意愿增强(Maner, Gailliot, Butz, & Peruche, 2007)。而高权力者恰恰相反,当权力不稳定时,会体验到更多的压力,这些压力容易使他们更加关注自己的个人私利,产生更多的自私行为(Maner & Mead, 2010)。

当领导者位置的安全性受到威胁时,保持权力成为首当其冲的重要任务。此时,他的注意力会集中到如何保持当前权力和位置之上,很难再注意到下属的需求。因此,当领导者的权力受到威胁时可能特别容易表现出自我服务行为,如放大自己的业绩或跟下属揽功凸显自我,甚至打压有突出表现的下属。相反,当领导者的位置非常安全,没有受到权力稳定威胁时,他可能会更好地调节个人目标,降低自利行为。许磊(2015)通过研究也发现,当领导者的权力受到威胁时,总是会增加自私行为。

当然,适度的权力稳定性也具有一定的功能和效用。目前的研究发现与进化推理以及比较分析的证据相一致,这些分析表现权力层次的稳定性对其他灵长类物种的成员具有深远影响。比如,Sapolsky(2015)回顾的研究表明,当灵长类动物的权力等级比较稳定时,拥有权力的群体成员倾向于体验较低水平的压力感。但是,当等级的不稳定有所上升时,那些有权的成员会经历心理和生理压力提高的过程,并会为维持其在等级制中的位置做出行为反应。

诚然,权力稳定性也是影响人们风险偏好的重要变量。权力稳定程度在不同的群体组织结构中有很大差异。在一些体系中,权力是可以协商的;而在有些体系中,权力是不可挑战的。权力的稳定程度在不同文化中也有差异,从国王和皇帝具有不受约束的权威到民主政治的领导人面临制衡。在权力看似不可协商的情况下,有权之士做出风险型决策的可能性极高。而当权力是可以协商的,与权力被认为是绝对的情况相比,有权之士做出风险型决策的可能性更低。因为当权力不稳定的时候,高权力者希望维持现有的权力状态。在收益框架下,领导者维护权力的方式就是减少失误保持现状,所以会警惕潜在的损失,偏好更为保守的选择。在损失框架下,领导者维护权力的方式就是减少损失,争取收益,所以会忽视潜在的损失,偏好更为冒险的选择。Julio和Yook(2012)研究发现,国家大选期间存在不确定性,企业投资会变得谨慎。国内学者也发现企业投资支出在官员更替之间明显下降。

对低权力者而言,当权力不稳定的时候,他们希望重建权力,会表现出更为积极的权力追求行为,做出更多的目标追求行为(Lammers, Galinsky et al., 2008)。虽然生活困苦,但他们乐意接受现状。然而,一旦他们看到一点改变的希望,他们的行为就会发生巨大的改变。

Maner等(2007)研究发现,领导者的风险偏好受到权力动机影响,权力动机越高,选择越保守;权力动机越低,选择越冒险。进一步研究发现,只有当权力不稳定,有潜在的失去权力的风险时,拥有权力的高权力动机者才会做出保守选择。而当权力是坚不可摧的,无论做什么选择都不会威胁他们的地位和权力时,领导者做冒险选择无关权力动机。他们的研究指出,尽管权力会导致冒险,但是,当领导者有强烈的权力动机时,决策反而会更保守,尤其是当权力现状潜伏危机之时。但是 Maner 等(2007)并没有分析无权者的风险行为。

无权者的风险行为更多由情境而非权力动机驱动(Hirmer, & Abele, 2012),情境聚焦理论(Guinote, 2007, 2008, 2010)认为,领导者更关注想要的任务结果,他们能忽视无关信息、加工有关信息。而无权者会关注环境中与目标无关的其他信息,所以分配在目标需求上的注意力会减弱(Guinote, 2007, 2010; Keltner et al., 2003)。Galinsky, Magee, Gruenfeld, Whitson 和 Liljenquist(2008)比较了高权力者、低权力者和无权力者的创造力、从众行为和商议行为的差异。结果发现高权力者更少受情境条件影响而与他们的特质更为一致。

Hirmer 和 Abele(2012)比较了高权力者和低权力者受权力稳定性和权力动机影响的风险行为变化情况。为了验证关于低权力者比高权力者更少受权力动机影响的假设,他们设计了实验:权力(高/低)×情境(稳定/不稳定权力角色)。在稳定的角色条件中,被试在实验中一直保持高或低权力状态,而在不稳定角色条件中,无论是高权力者还是低权力者都有改变其角色的可能。

具体来说,他们在低权力条件下的被试("下属")的指导语为:你们的上级会告知你们做什么,你们尽力做就可以;而且你们被上级控制和评估,上级的评价决定了你们是否能够赢取一张电影票。高权力组的被试("管理者")的指导语为:你们告知下属怎么做,控制下属的行为,评价下属的绩效,你们的评价决定了下属是否可以赢得电影票。而且你们自己不会被评估,你们赢取电影票的机会与你们自己和下属的表现无关。

然后再告知他们要先完成另一个任务。在权力不稳定组,被试被告知他们的角色会由他们自己的表现来决定,低权力组被告知他们如果表现糟糕会保持原位,如果表现好则会提升至管理者角色;高权力组被告知他们如果表现好的话会保持原位,如果表现糟糕则会降至下属角色。提前测得被试的权力动机。权力不稳定意味着高权力者会下降至低权力状态,低权力者会有机会上升至高权力状态。

因此他们提出了以下几个假设：

假设(1a)与控制组相比，低权力不稳定者会更冒险；(1b)与控制组相比，高权力不稳定者会更保守；(1c)与控制组相比，稳定的高权力者会更冒险。

假设(2)关于权力动机。(2a)权力动机对低权力者的风险行为没有影响，因为无权力者很少会根据动机来行事。而高权力者会根据动机行动。然而，动机对风险行为的影响，会受到权力稳定性影响。(2b)权力动机对稳定的高权力的风险行为有正影响，而对不稳定的高权力的风险行为有负向影响。(2c)比较权力动机和风险行为的相关性，预测高权力条件下相关最高，其次是控制组，最低是低权力条件。

研究结果显示，假设(1a)(1b)(2a)(2b)(2c)得到验证，(1c)没有证实，稳定的高权力者与控制组的冒险性没有显著差异。研究结果显示，权力动机和权力稳定性会同时影响高权力者的风险偏好倾向，当高权力者的权力动机越强，而且面临的权力环境越稳定，则他们的风险偏好倾向越高。而低权力者的风险偏好倾向只受到权力稳定性的影响，却没有受到权力动机的影响。对低权力者行为的分析有助于理解他们为何对困境无动于衷而当环境给予一点改变的希望时会铤而走险，因为对于低权力者来说，自身的权力动机对行为的影响不如环境的影响更大。

Heimer等(2012)是通过角色分配的权力启动方式和气球实验任务(BART)得出的实验结果，她们也指出，需要通过更多的权力操纵方式和真实情境因变量设置等方式来验证这些研究结果的普适性。

4.其他调节变量

(1)问责

Tetlock(1992)，Semin和Manstead(1983)认为，所谓"问责"，是指个体将自己内隐的认知、感受和态度或外显的行为向他人提供合理的解释。Patil，Vieider和Tetlock(2014)认为，"问责"是对行为主体进行责任追究，预防和及时化解失责行为及不良后果的工作机制（转引自王晓庄等，2021）。总之，通过问责，决策者需要对他做出的决策行为和决策原因进行解释和辩护，而且需要承担失责带来的损失、接受失责带来的惩罚。

大量研究表明，问责将带来决策者的心理和行为的变化。Paolini，Crisp & Mcintyre(2009)研究发现，当领导者被警告要对他们的决策结果负责的时候,决策过程中所有的信息加工过程和判断的谨慎性都提高了。实行问责制常常使决策者处于事实上的从属关系中,因为它界定了决策者对谁负责以及进行评价所依据的规范性理由(Tetlock,1985)。Gelfand 和 Realo(1999)研究发现"问责"使人们更为坚持某种行为规范,是由于决策者担心受到他人评价所致。韦庆旺、郑全全、俞国良(2010)通过实验,事先告知被试,谈判后将接受访问,被试要向专家解释他在谈判中为什么如此决策,结果发现,"问责"可以提高具有相同社会动机的双方谈判组的联合收益和问题解决行为,同时减少了混合动机谈判组的联合收益和问题解决行为。

(2)权力的合法性

人们可以通过各种途径获得领导职位,如通过聘用或提升,通过竞选或继承,通过篡权或夺位,不同获得方式意味着不同类型的权力基础。相比权力合法的领导者,权力合法性面临挑战的领导者风险偏好会降低。比如,研究认为,哈普斯堡国王菲利普二世是一个过于谨慎的统治者,主要是由于他认为自己的决策缺乏宗教合法性(Magee et al.,2005)。

权力的非法性降低了权力的接近行为,主要有以下三个原因:

第一,它改变了权力关系的本质。合法的权力与合作相关联,高权力者行动,无权者追随(Lammers,Galinsky,Gordijn & Otten,2008)。然而,当权力是不合法时,合作就常常被强迫和反抗所替代(Lammers et al.,2008)。当无权势者认知到权力者的权力是非法的,他们将不再等待领导者的指令,而是拼命想要去改变当前的关系。换句话说,无权者将变得更激进。当领导者知悉他们的权力是不合法的,他们不再行动趋向,因为他们不愿意去支配不当的权力,或者因为他们急于想保住当下的权力。而且,根据接近—抑制理论(Keltner et al.,2003),尽管合法的高权力者会关注收益(产生接近行为),合法的无权者会关注损失(产生抑制行为),但是在权力不合法的情况下,这种效应消失殆尽。因为权力不合法就意味着改变,无权者可能会关注潜在的收益,而高权力者可能会关注避免损失。

第二,它改变了权力的稳定性状态。权力合法性与稳定性关系密切,知觉到的不合法性常常意味着某种程度的不稳定,当层级关系不稳定,就意味着未来对无权者而言可能是收益,对高权力者而言却是失去特权的可能。

第三，它改变了情感状态。接近—抑制理论认为，权力的高低与积极情感和愤怒有关(Anderson & Berdahl, 2002; Keltner et al., 2003; Tiedens, 2001)。当权力是不合法的时候，情感状态会改变，无权者可能会感受到愤怒和鄙视，高权力者会感到内疚和害怕。实际上，与害怕和缺乏权力相比，愤怒、权力和厌恶对风险偏好和社会认知有共同的作用，知觉到权力不合法时，无权者的愤怒反而能够提升他的权力感(Martorana, Galinsky, & Rao, 2005)。

Lammers 等(2008)通过四个实验验证了权力合法性对行为的影响。在第一个实验中，他们研究发现在权力合法的条件下，高权力者比无权者有更多的接近行为，而在权力不合法的条件下，无权者反而比高权力者有更多的接近行为。在第二个实验中，他们研究发现在权力合法条件下，高权力者比无权者有更高的谈判倾向，而在权力不合法条件下，高权力者比无权者的谈判倾向要低。在第三个实验中，研究发现在权力合法条件下，高权力者比无权者有更高的风险偏好，而且差异达到显著水平。但是在权力不合法条件下，高权力者和无权者的风险偏好差异的显著性消失，反而无权者比高权力者的风险偏好更高，但是差异没有达到显著水平。启动的不合法降低了高权力者的风险偏好，但是增加了无权者的风险偏好。在第四个实验中，他们通过采用不同的操纵方式发现，在权力合法条件下，高权力者比无权者更偏好风险选项，但是在权力不合法条件下，这种差异消失了，高权力者比无权者选择风险选项更少，但是差异不显著。总的来说，权力的不合法性降低了高权力者的风险偏好，边缘性地增加了无权者的风险偏好。

Lammers 等(2012)进一步发现，当权力是合法的时候，权力增加了社会距离。他们通过对权力合法/不合法的操纵，先是给予包含12个题目的领导力测评，接着分配高权力者和低权力者角色，在权力合法条件下，被试被告知角色分配是与领导力测评结果一致的；在权力不合法条件下，被试被告知角色分配是根据性别分配的，与测评结果无关；对照组被试没有进行测评，直接完成因变量。结果发现合法的高权力者和不合法的低权力者都增加了社会距离。Lammers, Stapel 和 Galinsky(2010)的一项研究中发现，权力增加了道德伪善，但是这种现象受到权力合法性的调节，当权力是非法的时候，道德伪善现象出现反转，对自我行为的判断反而更严格。

四、权力感影响风险决策的中介变量

根据 Baron 和 Kenny 的解释,中介变量就是自变量对因变量发生影响的中介,是自变量对因变量产生影响的实质性的、内在的原因,通俗地讲,就是自变量通过中介变量对因变量产生作用(卢谢峰,韩立敏,2007)。也就是说,如果自变量 X 通过影响第三个变量 W 影响因变量 Y,此时 W 就是中介变量。例如,灾后青少年的"共情"影响"感恩""社会支持"和"创伤后成长",进而影响"亲社会行为"(王文超,伍新春,2020)。在这里,研究发现自变量"共情"和因变量"亲社会行为"之间存在因果关系,共情可直接正向预测亲社会行为。但研究并未解释它们存在关系的原因,此时引入中介变量"感恩""社会支持"和"创伤后成长",通过引入中介变量揭开自变量"感恩"和因变量"亲社会行为"之间产生关系的黑箱,阐明其作用机制,共情对亲社会行为的预测可分别通过感恩、社会支持和创伤后成长的中介作用进行。

关于权力对风险决策的中介变量,以往研究多从控制感等方面来分析,如 Fast 等人(2009)研究发现控制感在权力效应的研究中具有较大的解释力,虚幻控制在权力影响人们的接近行为中起到了完全中介的作用。本研究将从人们对待损失的视角出发,基于有关理论和研究结果的分析,认为损失厌恶是影响权力和风险偏好之间关系的"第三变量",在权力对风险决策之间发挥中介作用。

1. 损失厌恶涵义

损失厌恶是人类决策过程中存在的最大偏见。当人们决策时,会对潜在的收益和损失进行比较,但是等量的收益和损失带来的心理效用却完全不同。在经典损失厌恶实验中,让被试评价获得 100 元的开心程度和损失 100 元的不开心程度,一般而言,人们报告损失 100 元带来的不开心程度要比获得 100 元的开心程度要高(Thaler,1999)。也就是说,人们在决策时面对损失带来的痛苦(负效用)要远远大于获得的满足(正效用),失去比得到给人的感觉更强烈,这就是所谓的损失厌恶。需要注意的是,损失厌恶并非厌恶损失,更不是对损失的厌恶情绪,而是指损益在人们心理上的不对称性。

这一现象已得到多方面实验证实。例如,Sen 和 Johnson(1997)在研究中用篮球赛门票、赠品证明书等物品作为实验的交换对象,结果显示人们对失去物品的敏感程度要远远高于获得同等价值物品的敏感程度。在风险决策研究领域,最典型的例子是研究发现大部分被试(参与比例低于随机水平50%)不愿意参与损失和获得期望值相等的博彩游戏(有50%概率赢得100美元和50%概率输掉100美元),且输赢的金钱数值越大,不愿意参与博彩游戏的人数比例就越大(李纾,2016)。更有研究在神经生理学方面验证了由于对损失敏感导致的损失厌恶现象。Dewall,Chester和White(2015)的研究发现,当给被试服用乙酰氨基酚这种可以减少损失带来的痛苦的药物后,被试对卖出自己手中的物品不再那么排斥。表明当减弱了损失带来的痛苦之后,人们的损失厌恶心理也随之减弱(段贺兵,2019)。

大量研究证实了损失厌恶是一种跨文化存在的普遍现象。人们普遍希望获得同等收益的同时能避免损失的倾向,也就是说,损失的预期值大于客观上同等收益的预期值。损失的预期值和收益的预期值的绝对值之比被称为损失厌恶系数,用来衡量人们损失厌恶的程度。

2. 损失厌恶相关效应

研究发现,损失厌恶与决策中的一些现象有关,包括倾向于维持现状而不是推动改变;出现禀赋效应,即对同一件物品,一旦成为自己拥有的一部分,人们便倾向于给它更高的价值评价等等,总的来说,损失厌恶常常会表现出以下一些相关的效应:

(1) 安于现状偏差

安于现状偏差是指个体在决策时维持现状而不愿意采取行动改变的一种现象。Samuelson和Zeckhauser(1988)最早研究安于现状偏差现象,他们在一次实验中观察到这种现象并提出这个概念。实验要求被试在中立版和现状版两个决策情境中进行决策,中立版的决策情境如下:假如你继承了一笔财产,现有以下四种方式可供投资,你会如何选择?四个选项分别为:中等风险公司A的股票;高风险公司B的股票;国库券;地方政府债券。而现状版则把中立版的第一个选项直接改为了继承的现状,即你继承了中等风险公司A的股票,问是否需要把继承的现状改变为其他三个选项?结果发现,现状版中选择公司A的被试人数要远远大于中立版选择公司A的人数。而且当其余三个备择项被当作现状版中的现状选项时,被试也同样作出了倾向于选择现状的选项。后来他们在水资源分配、办公室搬迁、职业选择和健康计划选择等情境中,都证实了安于现状偏差(刘腾飞,徐富明,张军伟,蒋多,陈雪玲,2010)。

安于现状偏差也存在于不同决策角色中。在陆静怡、谢晓非(2014)的一项研究中,他们设计了为自己购买笔记本电脑和为朋友购买笔记本电脑提供建议两种情况。具体决策情境如下：自己(或者朋友)使用 A 品牌的笔记本电脑已经多年,现在想要更换新电脑,可以在 A、B 两个品牌中选择其一。两个品牌电脑的特征、尺寸、价格都非常相近,不同点主要在于 A 品牌电脑更时尚一些,线下服务门店离购买者家的距离更近;B 品牌电脑重量更轻,还可以提供免费的客户服务。在实验过程中,被试首先需要记录在考虑过程中的至少三条想法,然后评估购买两个品牌电脑的可能性,并最终做出购买选择或者购买选择的建议。此外,通过在问卷中询问被试"B 品牌电脑有多大可能优于 A 品牌电脑"的方式测量了被试的损失厌恶程度。如果被试认为 B 品牌电脑越差,就表示他们对新的可选项越不感兴趣,也就是损失厌恶越大。

研究结果发现,为自己决策的被试对用过的 A 品牌电脑评价更高,也更加倾向于继续选择 A 品牌电脑。在整理被试在决策过程中记录的思考过程来看,为自己决策的被试首先会想到 B 品牌电脑的缺点,列出的 B 品牌电脑的缺点也更多。从两组被试的损失厌恶程度来看,为自己决策组更厌恶损失,他们普遍认为新选项 B 品牌电脑不可能优于老选项 A 品牌电脑。

(2) 禀赋效应

禀赋效应是指个体在拥有某件物品时对该物品的估价高于没有拥有该物品时的估价的现象。Thaler(1980)最早提出禀赋效应这一概念,认为禀赋效应导致了 WTA(willingness to accept,WTA)- WTP(willingness to pay,WTP)的差异,并认为：卖方把失去物品看作是损失,而买者把失去金钱看作损失,双方为了避免损失带来的痛苦,所以卖方出让已经拥有物品所要求得到的金钱通常比买方得到该物品愿意支付的金钱会更多。已有大量研究证实了这一观点。

例如在 Kaheman 等人(1990)的经典实验中,分别设置了卖方组被试、买方组被试和选择组被试三个实验小组,卖方组被试的任务是把事先得到的马克杯选定一个愿意出售的最低价格(willingness to accept,WTA),买方组被试的任务是给出愿意为买入这个马克杯所支付的最高价格(willingness to pay,WTP),选择组被试的任务是在马克杯和一定数额金钱之间进行选择。研究结果发现,同样的马克杯的价值在三个不同小组的视野中是大相径庭的,卖方组被试出价的中位数为 7.12 美元,买方组被试给出价格的中位数为 2.87 美元,选择组被试接受金钱金额的中位数为 3.12 美元。显而易见,卖方组被试给出的价格远远高于其他两组,所谓的敝帚自珍,即卖方失去该物品的痛苦要远大于买方获得该物品的快乐,此之谓禀赋效应。

(3) 不作为惯性

所谓的不作为惯性,是指因为错过一个优越的机会而降低对同一领域的后续机会采取行动的可能性。在陆静怡、贾汇源、谢晓非、王秋鸿(2016)的一项研究中发现不作为惯性的自我—其他差异。研究采用了眼动技术,按顺序随机在电脑呈现 70 种商品,以商品的原价、最优价格(一周前的价格)、次优价格(现价)为自变量,为自己决策和为他人决策时的视线变化为因变量。研究结果发现,为自己决策时,被试更关注最优价格,表现为盯着看的次数更多,目光停留的时间也更长;而为他人决策时,被试对原价和最优价格的关注程度没有明显差异。结果表明,为自己决策时更重视现价与最优价格的差异,一旦错过最佳机会,他们倾向于不将就;而为他人决策时更关注现价与原价的差异,重视实际的价格优惠程度,虽然错过最优价格,但是当现价比原价优惠时,仍然会果断把握"次优"的机会。前者反映了决策者更在意的是可能的损失,后者反映了决策者更在意的是单纯的收益,说明与为自己决策时相比,为他人做决策时的损益厌恶更低。

3. 高低权力的损失厌恶不对称性

虽然损失厌恶普遍存在,但是不同个体间的损失厌恶却存在差异,这种差异存在于高低权力者之间,也存在于自我—他人不同的决策者角色之间。假如你和朋友一起去逛街,你看中一个名牌新包,但因为价格昂贵而犹豫不决。一边的朋友却极力怂恿你该出手时就出手。而当同样的场景换成不同的当事人,却发生了完全不同的情况。你的朋友看中名牌新包,因为价格而纠结时,你却变成了那个极力劝谏她买下的人。为什么同样的场景,不同的决策者角色,你的心理和行为却会大相径庭呢?因为在第一种场景中,你是为自己决策,在第二种场景中,你是为他人决策。自我—他人决策过程中常常出现差异。为自己和为他人决策时出现差异的根本原因,在于不同角色下人们对损失的厌恶程度存在差异所致:为他人决策更关注收益,而为自己决策更关注损失。Beisswanger 等人(2003)研究发现,为他人决策比为自己决策时,人们给出了更积极的理由。总而言之,相关研究显示,为他人决策时会降低损失厌恶,而为自己决策时则表现出了更高的损失厌恶,往往对消极结果的可能性估计超过了相应的积极因素。

高低权力者之间的损失厌恶同样存在差异。古今中外,领导者经常被指责为虚伪,特别是在获得权力后,做出的选择似乎与之前持有的世界观相矛盾。有的领导者被指责虚伪是指他们在获得职位之前的所作所为是为了取悦他人,从而获得他们的支持,而一旦获得权力之后,则会原形毕露。比如,政治人物可能会通过支持某项政治议程而获取选票,但一旦当选后,采取的行动却截然不同。

这种行为变化何以解释?在选举之前,政治人物的成败高度依赖选民,因而参选行为被策略性地安排为迎合选民的需求。然而,一旦当选,政治人物对于不符合选民意向的行为就不那么妥协了。Inesi(2010)提出了一种解释观点:即使权力没有改变结果的客观性质,但它仍然从根本上改变了分配给收益与损失的预期价值。此外,这些改变预期的模式与减少的损失厌恶程度是一致的。因此,个人在有权或无权时做出选择的明显差异,可能不是通过理性计算每项决策的客观利弊,而更多是来自在权力拥有者的头脑中自动地将权力与改变的损益认知联系起来。

为了证明权力与损失厌恶存在的关系,Inesi(2010)通过四项实验进行了验证。在实验中,权力确实降低了损失厌恶程度,但仅仅是由于负面结果预期值的变化。实验1研究结果显示,高权力者的损失厌恶比对照组更低。实验2和实验3为权力与损失厌恶之间的假设关系提供了额外的证据。在这些实验中,被试对被描述为积极或消极结果的场景做出反应,这些场景有可能是被试经历过的。在预期价值的两种不同测量方式以及两种不同场景中,高权力者比其他人表现出更低程度的损失厌恶,因为他们对负面结果的赋值低于低权力者(实验2和3)或对照组被试(实验2)。各种权力条件的被试对积极结果的预期值没有差异。实验4将实验1、2和3的研究结论汇总后,对权力与损失厌恶之间的关系提供了一个最终测试。与实验2和3一样,实验4测量了权力对损失和收益预期值的独立影响。但是,这些测量是在对被试有真正影响的选择范围内获得的。结果与实验2和3一致。在这组研究中,相关的心态——高权力、低权力或对照组——是通过使用回忆法进行权力启动的,随后使用了表面上无关的任务和因变量。结果表明,权力对损失厌恶的影响至少部分是自动的,是无意识的过程。也就是说,被试没有以这种方式行事,因为他们认为有权力的人"应该"不太关心消极的结果。相反,认为负面结果会变得不那么糟糕,因此不会如此剧烈地避免,似乎是高权力心态的基本组成部分,因此每当高权力心态被激活,就会出现损失厌恶的降低。这意味着相比其他人,高权力者将设法避免一种给定的负面结果,即使他们的权力对消除影响毫无作用。

如果权力确实降低了损失厌恶程度,就不难解释这样的现象:获得权力之前与之后、在权力位置与不在权力位置上,决策会存在差异。

权力的启动带来了损失厌恶的变化,也可以从社会距离理论得到一定的支持。已有研究发现,在心理距离较远时,收益框架对决策的影响更大;在心理距离较近时,损失框架对决策的影响更大(White, MacDonnell, & Dahl, 2011)。由此可以认为,权力高的人因为建构水平高,对决策对象的心理距离较远,因此受到"收益"情境的影响更大,更关注收益;而权力低的人由于建构水平低,对决策对象的心理距离较近,因此受到"损失"情境影响更大,更关注损失。Polman(2012)研究发现,为他人决策比为自我决策的损失厌恶更少。当个体为他人决策时,无论是在无风险决策、赌博任务或其他任务,损失厌恶明显减少。事实上,为他人决策时心理距离更远,高权力者的决策心理距离更远,由此也可推测高权力者的损失厌恶更小。

4. 损失厌恶在权力感影响风险决策中的作用

权力影响决策过程得到了大量研究证实。权力与行为导向增强有关联,灵活性更多而规范性的行为更少,倾向于在抽象层面而不是具体层面加工信息。高权力者对收益特别敏感,而对损失不敏感。权力增强了对其他人生活施加影响的能力,重要的是要了解、预测并规划权力影响决策的方式。

那么究竟是什么因素导致权力影响决策过程的呢?Guinote(2008)认为导致高低两种权力产生不同决策倾向的原因,比研究高低权力者的差异更加重要。关于高低权力者的决策结果差异产生的原因机制,接近—抑制理论认为是由于高权力激活接近行为系统,低权力激活抑制行为系统。但是接近—抑制理论也受到了一些诟病,有人认为接近—抑制理论把收益和损失分割开来考虑,而在实际决策中,收益和损失都是需要同时权衡的方面。Inesi(2010)从损失厌恶角度来探究权力的决策行为,非常好地开启了一个研究权力行为差异的原因机制,因为损失厌恶是个体对损失和收益权衡比较的综合体现。

从权力感影响风险决策的角度来看,个体对决策的风险偏好也就在很大程度上取决于个体对损失的反应和感受,而这种反应和感受与个体对价值的感受和判断有关。Harinck,van Dijk,Beest 和 Mersmann(2007)在生活中发现,无意中捡到 1 欧元的开心程度要远远胜于丢失 1 欧元的扫兴程度,他们进一步在研究中发现,当个体面对较小面值时,出现损失厌恶反转情况,即面对收益的开心程度要大于面对损失的沮丧程度。而不同权力状态的个体对小面值和大面值的阈限不同,一旦当个体认为风险情境中的损失较小时,即意味着他对风险情境的机会认知水平提高,行为就会更加冒险;相反,当个体认为风险情境中的损失较大时,即意味着对风险情境的威胁认知水平提高,行为就会更保守。因此从这个角度来说,正是个体的损失厌恶大小在某种程度中介作用了权力感对风险决策的影响。

第三章 研究构思与假设

第一节 本研究拟探讨的主要问题及相关假设

实证研究与生活经验都表明,冒险或保守是个体对风险情景的两大反应方式。面对风险情景,个体是采取冒险策略还是保守举动,在很大程度上取决于个体对风险的损益比的感知和判断。Yates 和 Stone(1992)认为风险是各类损失的概率之和,所以从风险的本质来说,人们应该选择规避风险,即保守反应。但是风险又意味着不确定的收益,面对收益的诱惑,人们又不禁会有冒险的冲动。所以冒险反应其实是个体对风险情境中的各因素进行利弊分析判断和预测的过程。冒险行为的产生是个体认知决策的过程,是对收益和损失加以综合比较得出的判断和决策。本书拟探究的主要问题就是,当影响风险情境的因素恒定时,不同权力状态的个体在得失框架下是否有不同的风险偏好?这些风险偏好是否受到某些调节变量的影响?以及在不同情境中产生的损失厌恶大小,是否会对个体在风险情境中的收益与损失判断的认知过程发生影响?

一、权力感对风险决策的效应受到得失框架影响吗?

通过文献回顾,发现以往研究虽然存在一些不一致的结果。如有研究发现高权力者更保守(Tetlock, 2002; Winter & Barenabum, 1985),但是更多研究支持了高权力者更冒险(Anderson & Galinsky, 2006; Galinsky, Gruenfeld, & Magee, 2003; Keltner et al., 2003)的研究结论。但是以往研究多采用大学生为被试,以收益框架中的自我决策任务为主开展研究,较少考虑得失框架变量,而得失框架变量是影响决策效果的关键变量,权力感对风险决策的影响是否会在得失框架下出现差异,是本研究首先关注的问题。此外,本研究试图采用具有实际权力体验的管理者为被试群体,通过得失框架下具有现实工作情景的、介于自我—他人决策中间的组织决策任务为主,探究得失框架下权力感对风险决策的影响。

Anderson 等(2006)发现高权力者在决策时会更加乐观地评估可能存在的风险,从而采取更多的冒险行为。以往研究证实权力个体在风险行为中更易受潜在的收益吸引,对风险回报更乐观。从权力的接近—抑制理论来看,在收益框架下,高权力者产生更多的接近行为,会导致更多的冒险倾向。在损失框架下,高权力者比低权力者对损失更不敏感,据此,本研究提出以下假设:

H1:得失框架下权力感对风险决策有正向影响。

二、权力动机的驱动对权力感影响风险决策会产生改变吗?

Maner 等人(2010)研究结果表明,领导者基本上能够以组织目标为准绳行动,但是一旦当面临权力地位不稳定的情形,领导者自身具有的权力动机类型会帮助进行目标选择,甚至对目标选择行为起到直接导向作用。这一研究结果证明了个体的动机类型差异能够调节权力对个体记忆中目标的激活,进而影响个体目标导向行为。

情境聚焦理论认为,领导者会聚焦主要目标任务,忽视无关信息,而低权力者会更容易受情境影响,因此领导者的行为更容易受动机影响,而无权者更容易受环境影响。此外,权力动机会导致个体机会—威胁认知的差异,进而影响个体在风险情境中的行为反应方式。具体来看,高权力动机的高权力者,希望维持权力。在收益框架中,保持现状维持权力的最佳策略是选择保守策略低风险行为;而在损失框架中,保持现状维持权力的最佳策略是选择冒险行为。而低权力动机的高权力者,关注从对他人的影响中获取更多的奖励和资源,加之自身有着较强的承担风险的能力(Kish-Gephart, Detert, Treviño, & Edmondson, 2009),他们更敢于应对组织变化所带来的风险。因此,低权力动机的高权力者无论在收益框架还是损失框架都会倾向于冒险选项。但是在损失框架中的冒险程度应该低于高权力动机的高权力者。

因此,对于高权力者而言,提出如下假设:在收益框架中,权力动机削弱了权力感与风险决策之间的关系,低权力动机的高权力者的冒险程度高于高权力动机的高权力者。而在损失框架中,权力动机增强了权力感与风险决策之间的关系,高权力动机的高权力者的冒险程度要高于低权力动机的高权力者。

对于低权力者而言，低权力者希望重建权力，重建权力的最佳策略是选择冒险行为，因此对于低权力者而言，权力动机将增强权力感与风险决策之间的关系。据此，提出如下假设：

H2：权力动机调节权力感与风险决策之间的关系。

H2a：对高权力者而言，在收益框架中，权力动机削弱了权力感与风险决策之间的关系，即拥有高权力动机倾向的个体，其权力感与风险决策之间的关系会降低。在损失框架中，权力动机增强了权力感与风险决策之间的关系，即拥有高权力动机倾向的个体，权力感与风险决策之间的关系会更加明显。

H2b：对低权力者而言，无论收益框架还是损失框架，权力动机增强了权力感与风险决策之间的关系，即拥有高权力动机倾向的个体，权力感知与风险决策之间的关系会更加明显。

三、权力稳定性的介入对权力感影响风险决策会产生改变吗？

权力的社会认知理论认为，权力变量要通过个体的权力认知起作用，也就是说情境的影响需要通过主观的权力感知而对行为产生作用。而权力稳定性恰恰是个体可以感受到的其他情境作用的变量。当个体被问责或权力合法性受到质疑，对个体而言，感受到的是权力稳定性受到威胁。

当权力变得不稳定时，权力与接近动机之间的紧密联系就会被打破(Keltner et al., 2003)。在权力稳定的条件下，高权力者往往聚焦利益，并因为接近动机而承担更多的风险；在权力稳定情境下，权力越高越冒险(Anderson & Galinsky, 2006; Lammers et al., 2008; Maner et al., 2007)。Galinsky 等(2008)比较了高权力者、低权力者和无权力者的创造力、从众行为和商议行为的差异，结果发现高权力者更少受情境条件影响而与他们的特质保持高度一致。但是也有研究发现，在权力稳定情境中，权力感对风险决策的影响没有显著影响(Hirmer & Abele, 2012)。权力稳定情境下，高权力者是否导致更冒险的行为，有待进一步研究证实。

权力的不稳定会打破权力与接近动机之间的关联，使高权力者对惩罚(包括权力的丧失)的担忧超过对奖励的期待，而且对风险承担的意愿降低(Maner et al., 2007)。也就是说，在权力结构不稳定的条件下，由于高权力者害怕失去权力(Higgins, 1997)，他们更有可能努力去维持自己已有的权力(Tetlock,1981),并且不太可能采取或许会导致失去权力的冒险行为。在权力不稳定情境中,Hirmer等(2012)研究发现,低权力者更冒险;高权力者更保守。

与权力相关的文献为我们的假设提供了间接证据。在合法化的权力结构中,与无权力者相比,高权力者会呈现出更多的行动导向和目标导向的行为;然而,在不合法化的权力结构中,与无权力者相比,高权力者却呈现出更少的行动导向行为。这些研究结果表明,权力的非法化可能破坏权力结构的稳定性,从而增加了高权力者失去权力的可能性。另一项研究表明,在不稳定的权力等级中,高权力者呈现出低水平的创造力——因为他们的思维变得更加僵化,以回避风险为导向。这些结果表明,权力的稳定性与否会改变权力拥有者的认知和行为。

但是,这个研究结果可能会受到得失框架变量的影响,人们在收益框架和损失框架会表现出不一致的心理特点和行为倾向。Maner等(2007)研究发现,领导者在权力不稳定情境下趋向于保住权力位置,那么在收益框架下,领导者维护权力的方式就是减少失误保持现状,也就是会警惕潜在的损失,因而偏好更为保守的选择。而在损失框架下,领导者维护权力的方式是减少损失,争取收益,也就是会忽视潜在的损失,因而偏好更为冒险的选择。据此,提出如下假设:

H3a:当权力不稳定时,收益框架下,高权力者比低权力者更偏好保守选项;

H3b:当权力不稳定时,损失框架下,高权力者比低权力者更偏好风险选项;

H3c:当权力稳定时,得失框架下,高权力者比低权力者更偏好风险选项。

四、损失厌恶:中介了权力感对风险决策的影响吗?

Fast等人(2009)研究发现控制感在权力效应的研究中具有较大的解释力,虚幻控制在权力感影响人们的接近行为中起到了完全中介的作用。在权力感对风险决策的影响中,因为风险是各类损失的概率之和,人们在风险决策中的偏好反应与个体对损失的感受有关。因此本研究从高低权力者对待损失的视角出发,认为损失厌恶是影响权力感和风险决策之间关系的中介变量。在损失厌恶的影响下,人们对损失的感受要比收益更敏感,但是这种敏感度在不同人群中存在一定的差异。高权力者因为掌控更多的资源,相比低权力者而言,对损失的敏感性更低,具有更少的损失厌恶,正是因为损失厌恶的降低,导致了高权力者更多的冒险行为。据此,提出如下假设:

H4a:权力感和损失厌恶呈现负相关,权力感越高,损失厌恶越小。

H4b:得失框架下,损失厌恶在权力感和风险决策之间起着中介作用。

第二节 研究的逻辑与框架

本研究通过三个部分探讨权力感对风险决策的影响,基本假设逻辑是:人们在做决策时究竟采用更冒险的策略还是更保守的策略,在很大程度上取决于其当下的权力状态,因为这种权力感大小影响了个体的损失厌恶大小,从而导致了个体对损失和收益的主观评价,导致了风险决策偏好。当然,权力感受到内部因素(权力动机)和外部环境(权力稳定性)的双重影响。研究的逻辑如下图所示。

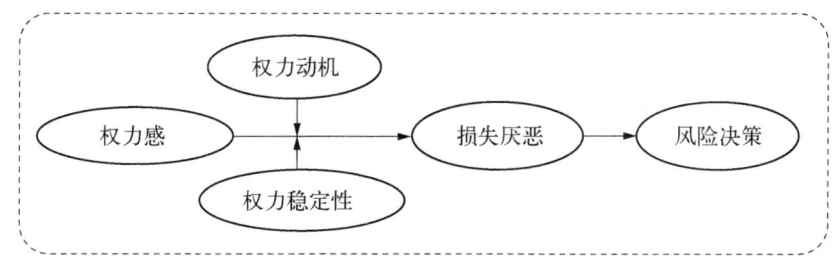

图 3.1 本研究的理论模型

本研究共包括三项研究。研究一,探讨权力感和风险决策在得失框架下的关系,共包括三个实验:实验 1 通过被试职位权力的差异考察权力感和风险决策的关系;实验 2 通过测量被试的特质权力感大小,考察权力感和风险决策的关系;实验 3 通过操纵权力高低,考察权力感和风险决策的关系。这一部分研究旨在通过多种权力感区分的方法探讨权力感与风险决策的关系中的稳定现象和不稳定现象。研究二,探讨权力感影响风险决策的调节变量,从内在因素(权力动机)和情境因素(权力稳定性)两个方面进行考察,检验在权力动机和稳定性的影响下,高低权力被试在得失框架中的风险决策出现怎样的变化。共包括两个实验:实验 4,采用信效度较高的成熟权力动机量表,考察权力动机对权力感和风险决策的调节作用;实验5,通过操纵权力稳定性,考察权力稳定性对权力感和风险决策的调节作用。研究三,探讨权力感影响风险决策的中介变量——损失厌恶。检验损失厌恶对权力感影响风险决策的中介作用。共包括两个实验:实验6为预实验,主要探索权力感与损失厌恶之间的关系,为实验7的中介作用分析奠定基础;实验7通过操纵权力高低和损失厌恶测量方法,考察损失厌恶在权力感和风险决策关系中的中介作用。

本研究的总体思路如图3.2所示。

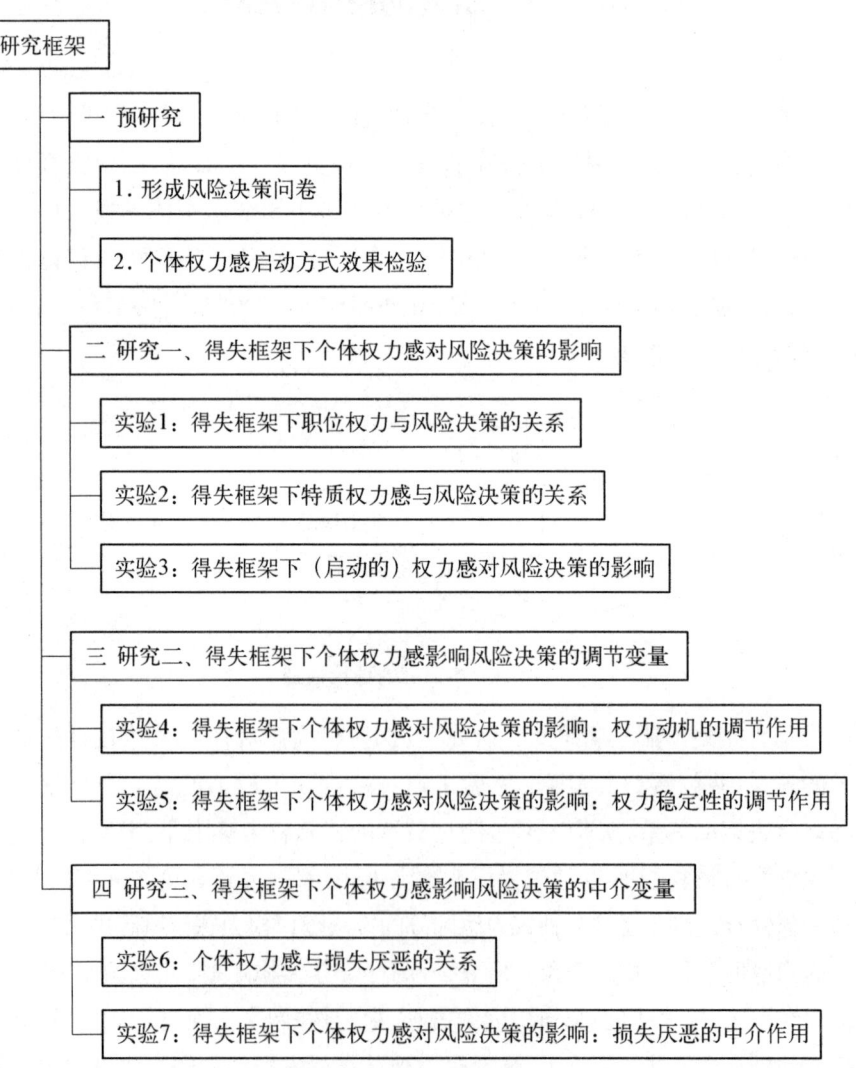

图 3.2　本研究的基本框架

在正式研究之前,本研究进行了两个预实验,预实验1的目的是形成一套具有工作情境的风险决策问卷。因为在以往众多相关研究中,多采用大学生为实验对象,风险决策情境设计多以学生生活事件或金钱决策为主,本研究关注工作情境中领导者的风险决策,以现实生活中具有一定领导经验的管理者为实验对象,为保证本实验的生态效度,所以在预实验编制了一套风险决策问卷。预实验2的目的是检验权力感启动方法在管理者群体中的适用性。虽然通过实验操纵启动被试的权力感在权力研究中已经非常普遍,但是以往权力感启动方法更多适用于学生被试群体。这些启动方法是否适合成年被试群体,尤其是具有一定领导经验的管理者,有待验证。

综上所述,本研究拟探讨三个问题:一是检验权力感对风险决策的影响,因此选取多种权力感测量方式,以期得到较为一致的结果;二是探讨在内(权力动机)外(权力稳定性)调节因素的影响下,权力感对风险决策影响的变化;三是探讨在权力感影响风险决策的过程中,损失厌恶究竟起到了怎样的中介作用。

第四章 预 研 究

第一节 因变量研究方法选取

研究的发展过程也是方法的拓展过程,在过去的几十年中,随着风险决策理论的发展,尤其在有限理性和生态理性观的推动下,研究者对风险决策行为进行了大量研究,研究方法也不断得到丰富。总的来说,风险决策行为的研究方法主要采用了问卷测量和实验任务范式两大类,前者包括风险人格特质测量、风险态度测量、风险偏好指数测量和风险情景问卷测量等。后者包括爱荷华赌博任务、模拟气球充气任务、哥伦比亚卡片任务和杯子任务等。

一、问卷测量法

1. 风险人格特质测量法

早期研究把风险倾向或冒险作为一种人格特质变量,通过一般性风险认知或态度有关的量表评估个体是否具有冒险人格特质,如 Shure 和 Meeker (1967)开发的风险回避量表(Risk Avoidance Scale),Jackson、Hourany 和 Vidmar(1972)开发的冒险倾向问卷(Risk Taking Propensity Scale),冒险态度问卷(Attitudes to Risk Taking Scale; Grol, Whitfield, De Maeseneer, & Mokkink, 1990)。此外,还有一些常用的风险倾向量表如感觉寻求问卷 (Sensation Seeking Scale, SSS; Zuckerman, 1994)。Zuckerman 开发编制的 SSS 测量工具应用较为广泛,并随着感觉寻求概念的不断发展和完善,量表经过多次修订,被译成多种版本,用以适应不同国家的文化差异。

Meertens 和 Lion(2008)开发的风险倾向量表(如表 4.1 所示)也是较为常用的测量冒险倾向的量表,被试在该量表上得分越高,意味着越具冒

表 4.1　风险倾向量表(Risk Propensity Scale)

条目	完全不同意							完全同意
1　安全第一。(反向计分)	1	2	3	4	5	6	7	8　9
2　我从不拿我的健康去冒险。(反向计分)	1	2	3	4	5	6	7	8　9
3　我喜欢回避风险。(反向计分)	1	2	3	4	5	6	7	8　9
4　我常常冒险。	1	2	3	4	5	6	7	8　9
5　我不喜欢不确定性高的情境。(反向计分)	1	2	3	4	5	6	7	8　9
6　我视风险为挑战。	1	2	3	4	5	6	7	8　9
7　我认为自己是一个风险寻求者。	1	2	3	4	5	6	7	8　9

(资料来源：Meertens & Lion，2008)

险性人格。

Weber 等人(2002)把风险从单因素变量再细分为多因素变量，把风险分为金融、健康/安全、娱乐、道德和社交五个领域的内容，编制了特定领域风险态度量表(DOSPERT)量表，量表一共 40 个条目。采用李克特 5 级计分法，得分越高就说明越偏向于风险寻求。

Kruger 等人(2007)基于进化心理学也对风险内容进行了细分，编制了包含"组间竞争、组内竞争、择偶及为了吸引异性的资源分配、自然界的风险、生育与繁衍"五个类别的风险行为量表，包含 15 个条目，采用李克特 5 级计分法，得分越高越冒险。

2. 风险偏好指数(risk preference index，RP index)测量

Hsee 和 Weber 于 1997 年提出用风险偏好指数测量的方式评估被试的冒险倾向程度。每次测量呈现七个问题，每个问题都包含一个确定选项和一个风险选项。以收益框架的大金额为例。确定选项的范围从问题 1 中的"确定获得 400 美元"到问题 7 中的"确定获得 1 600 美元"，相邻问题之间每级增幅为 200 美元。风险选项总是"掷硬币：正面获得 2 000 美元，反面获得 0 美元"，也就是说风险选项的数额和概率恒定，额度为 2 000 美元或 0 美元，概率为 50%。具体呈现如见表 4.2 所示。在小额条件下，每个问题的结果值是大额条件下相应问题结果值的 1/20。例如，问题 1 中的两个选项变为"肯定获得 20 美元"和"掷硬币；正面获得 100 美元，反面获得 0 美元"。为满足不同实验的需要，实验者可以自行设定确定选项和风险选项的具体金额大小。

表 4.2　风险偏好指数(risk preference index, RPI)的测量

问题	选项	
	确定	风险
1	获得 $400	掷硬币：获得 $2 000 或 $0
2	获得 $600	掷硬币：获得 $2 000 或 $0
3	获得 $800	掷硬币：获得 $2 000 或 $0
4	获得 $1 000	掷硬币：获得 $2 000 或 $0
5	获得 $1 200	掷硬币：获得 $2 000 或 $0
6	获得 $1 400	掷硬币：获得 $2 000 或 $0
7	获得 $1 600	掷硬币：获得 $2 000 或 $0

(资料来源：Hsee & Weber, 1997)

风险偏好指数的计算。在收益框架中，如果被试选择问题 1 至问题 i—1 中的风险选项和问题 i 至问题 7 中的确定选项，风险指数的定义为 i(i=2, 3……7)。例如，被试选择了问题 1—3 的风险选项，问题 4—7 的确定选项，那么他的风险指数就是 4。如果被试在所有问题中选择确定选项，风险指数定义为 1；在所有问题中都选择了风险选项，那么他的风险偏好指数为 8，风险指数的范围在 1 到 8 之间，风险指数越大表示冒险程度越高。

在损失条件下，确定选项为确定损失一定的金额，风险选项为 50% 损失更大的金额，50% 没有损失。如果被试选择问题 1—问题 i—1 的确定选项，从问题 i 开始选择风险选项，那么他的风险指数就是 8—i。同样，风险指数(8—i)越大，个体的冒险程度越高。

3. 风险情景问卷法

在风险决策行为研究领域，很多研究通过风险情景问卷评估被试的冒险倾向。研究者常常会在风险情景问卷中设计两个选项，以金钱决策问题为例，一个选项为一定金钱数额的确定收益(或者是确定损失)，另一个选项是一定概率的不确定收益(或者损失)。例如，在"确定获得 50 元"和"50% 的可能获得 100 元，50% 的可能一无所获"两个选项中进行选择(Stone, Yates, & Caruthers, 2002)。段婧、刘永芳、何琪(2012)在风险决策研究中对大学生生活中经常会碰到的决策事件进行了调研，根据调研结果筛选出提及频率排名靠前的四种决策事件：出售邮票、购买手机、医疗和经营小店，然后按照实验设计的要求形成了情景问卷，如"你和朋友合伙投资了一

些钱,开了一家小店。现在小店生意不错,目前已经赚了一些钱。你现在可以高价转让该店,赚取差额;也可以继续维持该店,有可能会赚得更多。你会选择其中的哪一个: A. 转让小店,赚得 2 000 元; B. 继续维持,最终有 50%的可能赚得 4 000 元,50%的可能不赚钱"。

在人际关系决策问题中,Beisswanger 等人(2003)采用 11 个现实生活中的人际关系情境来考察被试的风险偏好。在每个情境中被试需要在一个结果相对确定的选项(如在一个舞会上邀请一位朋友跳舞,因为几乎不会被拒绝,所以谓之安全选项)和另一个更具挑战性但结果不确定的选项(如在一个舞会上邀请一位有魅力的陌生异性跳舞,可能会被拒绝,所以谓之风险选项)。Stone 和 Allgaier(2008)也曾采用 18 个日常生活中的人际关系情境作为实验材料考察被试的风险偏好,他们让被试想象他(她)处于类似于这样的情境: 你和一位朋友正在参加一个聚会。突然一位非常有魅力的异性走过来,你很想上前去向她(他)介绍你自己,但又想跟聚会中自己熟悉的朋友待在一起。你会怎么做? A 冒险前去介绍自己(风险选项),B 继续待在熟悉的朋友一起玩(确定选项)。

在医疗决策情境中,Garcia-Retamero 和 Galesic(2012)让医生被试想象他(她)罹患了一种新的疾病。这种疾病会使自己有轻微的身体疼痛和疲劳感,也可能导致像剧烈头痛、高烧等严重症状,甚至导致突然死亡。现在有两种治疗方案可供选择,你会如何选择? 采用治疗方案 A,你肯定会经历一段为期 4 周的严重症状,但经历这段时间的严重症状后将会完全康复(安全选项);采用治疗方案 B,你有 50%的概率遭受为期 7 个月的严重症状,但也有 50%的概率会不经历严重症状就直接康复(风险选项)。

研究者在风险情景问卷的每个情景(测验项目)中都会提供一个安全选项 A 和一个风险选项 B。最后以被试选择风险选项 B 的概率(冒险得分)作为因变量,分数越高表示其风险偏好程度越强。

二、实验室任务范式

随着风险决策研究的进展,研究者发展了不少实验室状态下的任务范式,如爱荷华赌博任务(the Iowa Gambling Task,IGT)、仿真气球冒险任务(Balloon analogous experiment,BART)、杯子任务(the cups task)等。

1. 爱荷华赌博任务

爱荷华赌博任务是一种模拟现实决策情景的实验室任务,由 Bechara 等人于 1994 年提出。具体操作过程以纸牌游戏进行,每次试验包含 4 副扑克牌 A、B、C、D,每副牌有 40 张,每副牌的 40 张牌中,有一定的收益也有一定的损失,其中,A、B 两副牌中,每张牌的收益是 100 美元,每选 10 张牌的累计损失为 1 250 美元;C、D 两副牌中,每张牌的收益是 50 美元,每选 10 张牌的累计损失为 250 美元,也就是说,从长远看,A 和 B 的平均损失比 C 和 D 的答,A 和 B 的净收益为负值,是"不利牌"(bad decks),C 和 D 的净收益为正值,是"有利牌"(good decks),如图 4.1 所示。

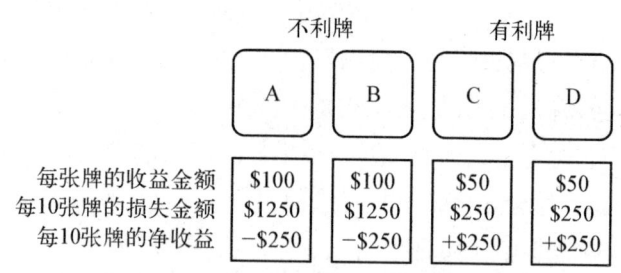

图 4.1 爱荷华赌博任务的实验界面
(资料来源:严万森,李纾,隋南,2011)

A 和 B 两副牌的累计损失数额相等,不同之处在于 A 牌中每 10 张牌有 5 张包含损失,数额从 150 美元到 350 美元。B 牌中每 10 张牌出现 1 张损失,数额为 1 250 美元。C 和 D 两副牌的累计损失数额也是相等的,不同之处在于 C 牌中出现损失的频率高但数额小,每 10 张牌中有 5 张包含损失,数额从 25 美元到 75 美元。D 牌中出现损失的频率少但数额大,每 10 张牌中出现 1 张损失,数额为 250 美元。

被试每次在屏幕上呈现的 4 副扑克牌中任意选择点开 1 张,一共选择 100 次(分为 5 块模块,每个模块 20 次),选择次数在实验前未知,任务是尽可能多地赢钱。被试每选择点开一张牌后,屏幕上都会显示相应的收益数额、损失数额(如果有的话)以及累计金额总数。爱荷华赌博任务的数据分析用净分数来表示,净分数是指被试在每个模块中选择"有利牌"的次数减去选择"不利牌"的次数,即净分数=(C+D)−(A+B)。通过分析净分数的变化可以描绘和分析被试的决策特点。一般而言,总是选择"不利牌"的被试被认为是更愿意冒险的。也就是说,净分数越低代表个体冒险倾向越高。

2. 杯子任务

杯子任务由 Levin 和 Hart 于 2003 年提出,该任务范式现已被广泛应用于风险决策研究中(Liu et al., 2017; Xue et al., 2009, 2010; Xue, Lu, Levin, & Bechara, 2011)。包括收益与损失两种任务情境,收益或损失情况下都是在一个确定的值与一个有概率的结果之间进行选择。如在收益框架中,被试需要在一个确定的选项(肯定得到 10 元)和一个冒险的选项(如 20%获得 50 元,25%获得 40 元,50%获得 20 元)之间进行选择。在损失框架中,被试需要在一个确定的选项(肯定失去 10 元)和一个冒险的选项(如 20%损失 50 元,25%损失 40 元,50%损失 20 元)之间进行选择。

具体操作是通过在电脑上呈现"杯子"为载体来实施的。单个"杯子"代表确定收益或损失的安全选项,多个"杯子"代表不确定的高收益或高损失的风险选项。对于一个风险选项,选择多个杯子中的任何一个杯子是由随机程序决定的,即概率等于 1 除以杯子个数 p=1/(杯子个数)。如图 4.2 所示。图 A 是一个收益框架,确定选项呈现在屏幕右侧,如果被试选择屏幕右侧的选项将确定获得 10 元;风险选项呈现在屏幕左侧,如果被试选择屏幕左侧的选项将有 1/5 的可能性获得 50 元,4/5 的可能性没有任何收益。图 B 是一个损失框架,确定选项呈现在屏幕右侧,如果被试选择屏幕右侧的选项,将确定损失 10 元;风险选项呈现在屏幕左侧,如果被试选择屏幕左侧的选项,将有 1/3 的可能性损失 30 元,2/3 的可能性没有任何损失。被试需要在确定选项和风险选项中做出选择。实验记录被试选择风险选项的次数并转换成比率,风险选项的比率越高说明被试冒险程度越高。

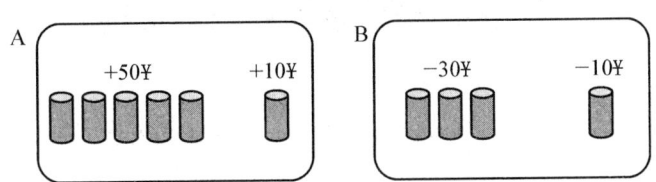

图 4.2 杯子任务实验界面

(资料来源:Zhang, X., Li, S., Liu, Y., Chen, X et al., 2019)

3. 模拟气球充气任务

模拟气球充气任务由 Lejuez 等人于 2002 年提出,是一种接近现实生活的动态风险决策任务模式。具体操作过程为:实验者在电脑屏幕呈现一个模拟气球,被试的实验任务是通过按键为模拟气球充气,每按一次充气按键,模拟气球就会变大一些,被试也能相应地获得一定收益(例如1元钱),按压充气键的次数越多,收益就越多。但是被试也面临模拟气球可能会爆炸的风险,气球一旦爆炸,被试在这一轮中累计的收益将会清零。气球何时爆炸是随机的,被试可以随时选择停止按键来保存当前的收益。在模拟气球充气任务中,被试的选择冲突在于既想多充气来提升收益,又担心气球爆炸收益清零。所以,实验常常以平均按压充气按键次数作为被试冒险水平的指标,按键次数越多,意味着其冒险水平越高。

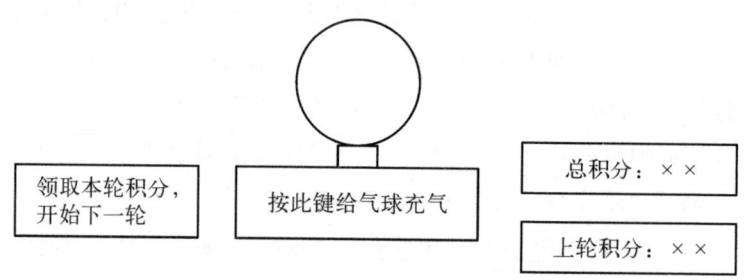

图 4.3　模拟气球充气任务实验界面
(资料来源:王晓田,陆静怡,2016)

通过梳理风险决策领域的主要研究方法可见,不同研究方法适用情境和规范略有差异。相对而言,问卷测量法的情境性更强,实验室任务范式更适用基础研究。本研究将选用自编风险情景问卷评估被试在风险决策中的冒险倾向。

第二节　风险决策问卷的形成

从以往研究来看,相关方面的研究多以学生为实验对象,风险决策问卷的情境设计多以学生生活事件或金钱决策为主。本研究以现实生活中具有一定决策经验的管理者为实验对象,关注工作情境中领导者的风险决策。与工作情境中的风险决策相比,生活情境中风险决策的得失特征更加容易界定,如金钱决策,主要是跟物质利益相关。而工作情境中的风险决策事件要相对复杂得多,不仅会涉及物质利益,而且更多的会与社会因素相关,如用人决策、择业决策等。因此,风险决策问卷的情境设计尤为重要,既需要被试对情境有熟悉感,又能激发卷入度。因此形成一份有效可靠的风险决策问卷就显得尤为重要。

形成风险决策问卷首先要考虑风险决策情境。风险在我们工作生活中无处不在，而"不依赖于情景的决策是不存在的"。Beisswanger等(2003)也曾指出，决策情景的选取和相关性会对决策结果产生影响，被试对判断情境的熟悉性会影响其选择。Lammers和Stapel(2009)在研究中也发现，当研究问卷设计的情境是被试不熟悉或者没有经历过的，研究选择结果会大相径庭。例如，有一道这样的情境题目："如果你喝酒了但是没有醉，是否还会选择驾车?"研究结果显示，被试的亲身经历和状态会影响对问题的判断和选择。面对同一个问题，正在酒吧喝酒的大学生更倾向于选择"驾车"的选项，不在现场喝酒或者没有这种经历的被试则更倾向于选择"不驾车"的选项(Denton & Krebs, 1990)。

郑睦凡、赵俊华(2013)研究发现，情境卷入使不同权力者与道德两难事件判断有关，当被试对卷入道德事件的体验不够深刻时，会出现选择结果反转。例如其中有一个实验使用了某政府机构工作人员用公车送孩子上学的故事作为实验材料一。一个警察为解救被绑架儿童而对犯罪分子暴力审讯的故事作为实验材料二。实验结果发现，在领导有情境卷入，下属未卷入的材料一中，高权力感被试比低权力感被试更倾向认为公车接送行为可以接受。而在无论领导还是下属都没有情境卷入的材料二中，高权力感被试比低权力感被试更倾向认为警察的行为不可接受。研究结果说明，同样的权力感水平，高情境卷入会让高权力者从不可接受转向可以接受，情境卷入使权力感对道德判断行为影响发生了改变。

因此，决策情境的选择至关重要。风险决策问卷的情境选择同样如此，既要选择被试较为熟悉的决策素材，又要能激发被试的卷入度，才能保证研究的信度和效度。

由于以往研究对工作中的风险情景研究比较少，而且，以往风险情景类型多使用实验室研究，编制的风险情景问题与实际工作情境和现实生活有一定的脱节，研究结果在生态效度上存在不足。为保证实验的生态效度，本研究首先通过严格的步骤进行了风险决策问卷的编制工作:

(1)在文献调查基础上，结合开放式访谈，初步确定了六种工作情境的决策类型，分别为人事决策(人员选择、使用、任免等)、资源决策(金钱、设备、材料等的获取分配使用等)、信息传播决策(传播、控制和使用信息等)、发展战略决策、工作方案决策、突发事件应急决策。

(2) 编制开放式问卷,收集典型决策事件。为保证研究的外部效度,以上述 6 种不同类型的决策情境为框架,选取 10 位在党政机关或企事业单位实际工作岗位担任领导职务的管理者填写六种决策类型的典型事件。具体内容如下:请您回忆一个以下决策领域中亲身经历过且较有代表性的具体决策事件:① 人事决策领域(人员选择、使用、任免等),② 资源决策领域(金钱、设备、材料等的获取分配使用等),③ 信息决策领域(传播、控制和使用信息等),④ 发展战略决策领域,⑤ 工作方案决策领域,⑥ 突发事件应急决策领域。

(3) 根据收集的典型决策事件,编制一套风险决策问卷,共计 10 种决策任务。

(4) 通过小范围试测,删除 4 道有争议和区分度不高的决策题目,每种决策类型下保留一道决策题目,形成由 6 道决策任务组成的风险决策问卷。并请 5 位有实际领导工作经验的管理者对问卷的情景设置和文字表述进行修改和润色。

(5) 根据得失框架,按照任务框架形成收益和损失两种版本的问卷,形成一份工作情境的《风险决策问卷》,共计 12 种任务,即收益框架下 6 种任务,损失框架下 6 种任务。例如,在收益框架条件下,一个题目是:

  本单位有一项目,目前进展顺利,现在有两种人事安排可供选择:方案 A,任用小张,保证能使项目考核结果达到"较好";方案 B,任用小王,50%的可能会使项目考核结果达到"很好",但也有 50%的可能会使项目考核得到"很差"的结果。你会在方案 A 和 B 中选择哪一项?

方案 A □;方案 B □

损失框架下,一个题目是:

  一重要网站论坛出现本单位负面舆情,如果采用方案 A 应对,负面舆情传播会小幅扩大;如果采用方案 B 应对,50%的可能性会控制负面舆情传播,50%的可能性会使负面舆情较大幅度扩大。你会在方案 A 和 B 中选择哪一项?

方案 A □;方案 B □

(6) 每种任务情境都提供两个选项,分别为 A—低风险偏好选项,B—高风险偏好选项。最后以选择高风险偏好选项 B 的概率作为因变量,即风险偏好得分。具体的计算公式为:收益框架下风险偏好得分和损失框架下风险偏好得分=收益框架(损失框架)下选 B 的个数/6。分数越高表示其风险偏好程度越高,也就是越冒险。

研究结果显示,经过上述步骤编制的风险决策问卷,在收益框架下的内部一致性系数 $\alpha=.709$,在损失框架下的内部一致性系数 $\alpha=.67$,表明问卷中各个情境的一致性较好,是比较可靠的测量个体风险偏好的工具。收益框架下的6个题项与收益问卷的相关系数 r 在.535—.748之间,损失框架下的6个题项与损失问卷的相关系数 r 在.548—.7之间,均达到.01水平显著,说明各题项均具有较高的项目信度。

第三节 权力感的测量与操纵方法

如何准确地测量和操纵权力感,是保证权力感研究的基础和前提。如果测量和操纵不当,将极大地影响研究的信度和效度。当前心理学领域关于权力感的研究中,由于实验过程对权力感的测量或者操作不当带来的效度问题,恰恰是这个领域研究中受到争议和诟病最多之处。因此,对已有权力感的测量和操纵方法的系统梳理,是开展本项研究工作的基础之一。综合已有文献,关于权力感的测量和操纵方法主要有以下一些:

一、问卷测量法

通过自评法测量权力感是最简单直接的方法,一般采用自编问卷或规范量表。自编简易问卷由于题目缺乏信效度和理论依据,所以应用较少(魏秋江,段锦云,范庭卫,2012;王浩,俞国良,2017)。目前研究中应用较为广泛的权力感测量工具是Anderson和Galinsky(2006)开发的《一般权力感量表》(Generalized Sense of Power Scale)。该量表测评一般情境下的自我权力感,包括8个题目,采用Likert 7点自评方式,从1(非常不同意)到7(非常同意)记分,具有较好的表面效度。

问卷的8个题项分别由四个高权力感项目(如"在与人交谈或讨论的时候,我总是能够使他人聆听我的意见")和四个低权力感项目(如"我的想法和观点经常被大家忽视")组成,题目内容体现了人际间的支配和控制。其中,高权力感题目采用正向计分,低权力感题目采用反向计分,总分反映个体的一般权力感大小。

此外,《加州人格量表》(California Personality Inventory)(Gough, 1987)和通过投射测验对内隐权力需求做评估的方式也有一定的应用(Guinote,2017)。

二、实验操纵法

通过实验操纵启动被试的权力感在权力研究中已经非常普遍。关于权力感启动的研究表明,与不同权力水平相关的倾向储存在人们记忆中,每当这种储存记忆在某种情境中被提取时,就可以被激活和启动。从目前研究来看,当前主流的权力感操作范式主要有角色分配法、回忆法、语义唤起法、组织结构图法、座位分布法、身体姿势等。

1. 角色分配法

角色分配法也叫奖惩法,是资源控制法的一种,即给被试分配不同角色实现对权力的操控,通常是让一些被试担任领导者或者管理者的角色(高权力角色)、另一些被试担任员工或者下属的角色(低权力角色),高权力感的被试拥有较多资源和权限,而低权力者拥有较少资源和权限,并且被高权力者评估,也不能评估高权力者。这是运用较为广泛的权力感启动方法,具有较好的外部效度(Galinsky et al., 2003)。

Kipnis(1972;Kipnis et al.,1976)最早在实验室环境中运用这种方法操纵权力感,在他的实验中,每个人都扮演管理者角色,但是只有部分被试有奖励和强制力。Anderson 和 Berdahl(2002)在此基础上形成了现在基于角色的权力感操纵的范式。其操作过程如下:首先,被试需要完成一份领导力问卷,并被告知将根据问卷得分情况和研究所需安排管理者(高权力角色)和下属(低权力角色)。事实上,角色分配是随机的。然后,高权力角色被告知他们将完全控制整个工作过程,拥有对下属评价和奖励分配的权限。低权力角色则被告知他们无法掌控工作进度,不能评价他人,只能被他人评估。接着让被试自己评估权力感大小。如在 7 点量表中,选择"0"代表觉得自己一点权力也没有,"6"代表觉得自己很有权力。最后通过检验他们自我评价得分的差异,判断权力感操作是否成功。

Dubois,Rucker 和 Galinsky(2010)继续拓展了简化版的角色分配法,他们要求被试模拟一家公司的老板或雇员,并生动地想象担任这个角色的具体样子(包括感受、思考和行动)。结果发现,这种想象自己处于高权力或低权力角色的简单练习也可以非常明显地改变人们的权力感受。

2. 回忆法

与通过外部信息(如角色描述)来唤起权力感不同,回忆法是借助参与者与权力有关的内部信息(如长时记忆)来启动权力感的方法。Galinsky等(2003)认为人人都有一定的权力感知和体验,可以通过回忆曾经经历的与权力有关的事件来实现权力感启动,其中,回忆对他人拥有权力的事件唤起高权力感,他人对自己拥有权力的事件唤起低权力感。要求被试在回忆事件过程中尽量具体化事情的经过和细节,以及他们的心理感受等。Lammers等(2009)认为以权力的不同功能为依据,可以再区分为社会权力和个人权力的操作。例如,可以通过如下指导语实现对社会权力的启动,"你对他人拥有权力,能够决定其他人做什么和分配给他们什么资源",可以通过如下指导语实现对个人权力的启动,"你能够不受其他人的影响,由你自己决定做什么和怎么做"(Lammers, Stoker & Stapel, 2009)。

一般有两种方式检验操作是否有效:一是通过独立编码员对被试回忆中涉及人物关系的内容(如经理和下属等)进行分类,并对内容体现的权力感大小进行评分。二是通过自评问卷,如"我现在觉得自己很有权力"(Kraus, Chen, & Keltner, 2011)。回忆法能够以有意义的方式激活被试权力体验,而不必在给定的情境中改变权力的客观或结构水平。这种操作方法简便易行,是最为典型的权力感启动方式,也是当前研究中采用最普遍的方法之一。

3. 语义唤起法

与回忆法一样,语义唤起法也是以个体的经验为基础的方法。但与回忆法不同的是,语义唤起法的提取方式更内隐,与内隐联想测验类似,是通过给被试呈现一系列与权力有关的词语,如"po_er""su_or_inate""contr_l"等,让被试完成一定数量的词干补笔,或者让被试完成一个包含低权力感(如下属)或高权力感(权威)词语的句子,甚至运用与权力感有关的词语引导被试,在无意间激活权力概念(Bargh et al., 1995)。

这是启动权力感的一种内隐操作方式,优点在于能够较好排除与高低权力位置角色相关的动机因素。但该方法对权力感相关的词语材料的要求比较苛求,不仅要求匹配词语的效价,还要求匹配残词补全任务的难度。但事实上,与权力感有关的词语数量非常有限,是否能选到合适的词语是启动权力感是否有效的关键。而且,由于国内外语言和文化的差异,该方法目前主要在国外使用,国内还没有研究运用此类操作方法。

除了语义启动,权力感也可以通过视觉图片来启动。例如,Torelli 等人(2012)研究发现,通过向被试展示视觉图片(例如,高管从私人飞机上下来的照片),也可以成功启动权力感。

4. 组织结构图法

与上述权力感启动方式不同,组织结构图和座位分布法运用更为形象和直观的形式启动权力感,简单易行,可以作为权力感启动的有效补充方式。组织结构图通过将不同角色的被试分配在组织结构图的相应位置,表示高低权力者的从属关系,以启动权力感。

组织结构图的启动方式得到了相关理论支撑。Schubert(2005)研究表明,可以用空间位置的垂直差异表征权力大小。Giessner 和 Schubert(2007)进行了具体论证,发现人们习惯于把高权力者放置在较高位置,而且他们的权力随着组织结构图上纵向距离的加长而增加。进化心理学的相关研究也证实了纵向高度和权力的关系(Meier & Dionne, 2009)。

5. 座位分布法

座位分布法是利用环境中的各种线索来启动被试的权力感,如通过座位分布来操作权力感。Chen, Lee-Chai, 和 Bargh(2001)通过操纵办公室的座椅启动权力感,高权力条件下的被试坐在有软垫的老板椅上,椅子位于桌子后面,比另一张椅子高。低权力条件下的被试坐在办公桌的对面,坐在一把相对不舒服的短木椅上,这些微妙的座位安排被证明激活了权力概念。使用内隐的权力线索(即被试对环境中的各种线索没有明显意识)是确保实验成功的关键。Caza, Tiedens 和 Lee(2010)研究发现,利用座位分布法的关键是让被试没有察觉到其中的线索,也就是内隐的方式,只有当使用内隐线索启动权力感时,权力的操纵才是有效果的,否则当被试意识到场景中的各种线索布置时,权力的操纵不仅无效,而且会出现相反的思维活动和行为倾向。

6. 身体姿势法

研究表明身体姿势也可以作为一种权力感启动的方式,不同的身体姿势可以激活不同的权力心理状态和感受。Cuddy 等人(2012)通过系列的社会情境实验证明,不同的身体姿势不仅使个体产生了神经内分泌的变化,也产生了行为变化,退缩、收敛、拘谨的姿势降低个体对风险的偏好和疼痛的容忍度,而舒展、松弛、敞开的姿势却能够提高个体对风险的偏好和对疼痛的容忍度。

姿势。Carney,Cuddy 和 Yap(2010)研究显示,人们通过摆成一个扩张的姿势或者收缩的姿势可以激活高低权力状态。例如,一个向后靠在椅子上,胳膊放在头后,腿放在桌子上的身体姿势显示了高权力状态;另一个双手耷拉在腿边,懒散地向前走的身体姿势则显示了低权力状态(见 Huang, Galinsky, Grunfeld & Guillory, 2011)。国内也有相关研究表明,扩张姿势比蜷缩姿势更能激发个体的权力,并且当个体在同一社交情境下有相对更高的权力时坐姿的扩张程度更高(黎晓丹,杜建政,叶浩生,2016)。

手势。Schubert 和他的同事(Schubert,2004;Schubert & Koole, 2009)还证明了通过一个人的手势来操纵权力:在实验过程中,要求高权力状态被试用他们非书写的手握拳,要求对照组被试保持非书写手处于放松的位置。结果发现这些微妙的身体姿势影响了被试的权力感受和随后的行为。

但是,身体姿势的启动也会受到文化差异的影响。Park 等人(2013)研究发现,虽然有些身体姿势能够启动不同文化背景的个体,如双脚打开站立、双手扩张置于桌面或者椅子扶手、背部往后靠的坐姿等,但是有些身体姿势并不能启动亚洲国家文化背景的个体,如跷着脚的扩张坐姿。

第四节 权力感操纵方法检验

虽然通过实验操纵启动被试的权力感在权力研究中已经非常普遍,但是以往权力感启动方法更多适用学生被试群体。这些启动方法是否适合成年被试群体,尤其是具有一定领导经验的管理者,仍然是值得探讨和关注的问题。

本研究关于权力感启动的预实验中,共采用了三种较常用的权力感启动方法进行检验,这三种方法分别为:回忆法、角色分配法、角色分配+组织结构图法,通过比较三种方法的操纵效果,试图找到最适合本研究的权力感启动方法。

一、回忆法

1. 被试

从某党校培训班随机抽取40位被试,其中男33人,女7人,正科级38人,处级2人,平均年龄42.18岁,标准差为3.88。所有被试均未参加类似实验。

2. 方法

采用集体作答笔试的方式,尽量把同一职级的被试分成高低权力操纵(即尽量把同是正处级的两个被试一个做高权力感启动一个做低权力感启动,同是正科级的两个被试一个做高权力感启动一个做低权力感启动)。对于高权力组被试,指导语采用如下:请回忆您在工作或学习中经历过的能够控制他人或者能够评价他人、影响他人的事件,在回忆过程中需要详述所经历事件的具体细节(如涉及的相关人物、任务的安排,职责的分配等),以及您发挥的作用、采取的行动和感受,字数为200—300字。对于低权力组被试,指导语采用如下:请回忆你在工作或学习中经历过的被其他人领导或被他人评价的事情,在回忆过程中需要详述所经历事件的具体细节(如你是如何被他人领导、管理或评价的),以及你的感受,字数为200—300字。写完回忆事件,要求被试对当下自己的权力状态作出自我评价,在"该事件过程中的角色让我感觉自己有能力指导并影响他人。""该事件过程中的角色让我感觉自己可以不受他人的控制和影响。"两个问题,从"完全不正确"到"完全正确"进行7点自评。"1"表示"完全不正确","7"表示"完全正确。"

3. 结果

对两组被试的权力感评价得分进行独立样本 t 检验,结果如表4.3所示。两种条件唤起的被试的权力感得分差异不显著:$t(38)=.344$,$p>.5$;高权力感启动被试的权力感得分($M=4.73$,$SD=1.04$)与低权力感启动被试的权力感得分($M=4.60$,$SD=1.24$)无显著差异,研究结果显示权力感启动无效。

表4.3 权力感启动效果检验结果表

权力感	N	M	SD	t	p
高	20	4.73	1.04	.344	.732
低	20	4.60	1.24		

二、角色分配法

1. 被试

从某党校培训班随机抽取 43 位被试,其中男 39 人,女 4 人,科级 31 人,处级 12 人,平均年龄 40.05 岁,标准差为 5.73。所有被试均未参加过类似实验。

2. 方法

参考 Chen 等人(2009)在实验中使用的角色任务描述方法,本实验对高低权力者的角色任务进行了客观描述,主要从资源、控制感和对他人影响等角度进行客观描述,之后请 5 位被试对高低权力者角色的描述进行对比阅读,尽量做到能达到操纵高低权力差异的效果。

在实验中,采用集体作答笔试的方式,尽量按照已有的职级同等均分的方式,把被试分配为领导(高权力者)和下属(低权力者)两种角色(即尽量把同是正处级的两个被试一个分配为高权力者一个分配为低权力者,同是正科级的两个被试一个分配为高权力者一个分配为低权力者等)。而且在语言使用中,对高权力者的指导语尽量用"您",而对低权力者的指导语尽量用"你"。具体来说,对于高权力组被试,指导语采用如下:您在此次活动中担任领导者角色,您掌握比较多且重要的资源和权力,不受他人评估和影响,控制活动运行。对于低权力组被试,指导语采用如下:你在此次活动中担任下属角色,你受上级领导控制和指导,需要将工作进展和决策结果及时向领导汇报,接受上级领导的评估和考核。为被试呈现好指导语以后,要求被试对权力程度作出自我评价,在"该角色分配让我感觉自己有能力指导并影响他人。""该角色分配让我感觉自己可以不受他人的控制和影响。"两个问题,从"完全不正确"到"完全正确"进行 7 点自评。"1"表示"完全不正确","7"表示"完全正确"。

3. 结果

对两组被试的得分进行独立样本 t 检验,结果如表 4.4 所示。两种条件唤起的被试的权力感得分差异显著: $t(41) = -2.143$,$p < .5$;高权力感启动被试的权力感得分($M=4.43$,$SD=.76$)与低权力感启动被试的权力感得分($M=3.88$,$SD=.92$)差异显著,研究结果显示权力感启动有效。

表 4.4 权力感启动效果检验结果表

权力感	N	M	SD	t	p
高	22	4.43	.76	−2.143	.038
低	21	3.88	.92		

三、角色分配＋组织结构图法

1. 被试

从某党校培训班随机抽取 41 位被试,其中男 28 人,女 13 人,科级 36 人,处级 5 人,平均年龄 39.73 岁,标准差为 8.41。所有被试均未参加类似实验。

2. 方法

采用集体作答笔试的方式,按照前面两种启动实验方法把被试分配为领导(高权力者)和下属(低权力者)两种角色。在给予文字指导语之外,还配以相应的组织结构图,如图 4.4 和图 4.5 所示。

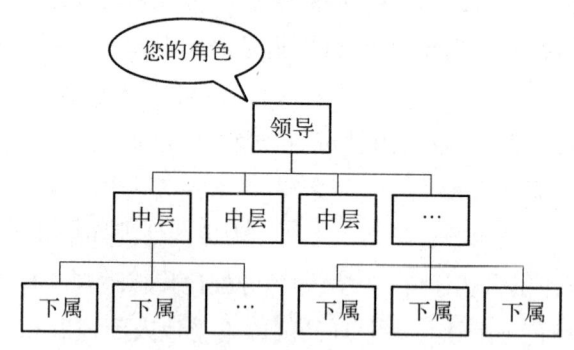

图 4.4 高权力感启动的组织结构图

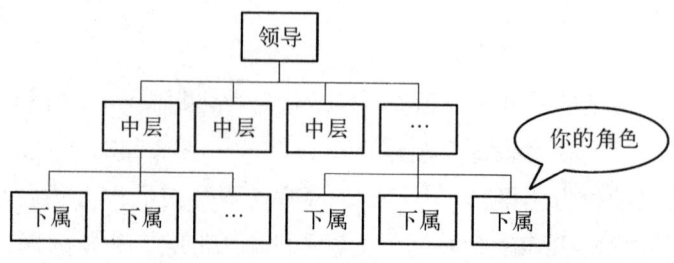

图 4.5 低权力感启动的组织结构图

3. 结果

对两组被试的得分进行独立样本 t 检验,结果如表 4.5 所示。两种条件唤起的被试的权力感得分差异显著:$t(39)=-3.26$,$p<.1$;高权力感启动被试的权力感得分($M=4.21$,$SD=.60$)与低权力感启动被试的权力感得分($M=3.42$,$SD=.92$)差异显著,研究结果显示权力感启动有效。

表 4.5 权力感启动效果检验结果表

权力感	N	M	SD	t	p
高	21	4.21	.60	−3.26	.002
低	20	3.42	.92		

四、权力感启动方法小结

经过预实验研究发现,对于有领导经验的被试来说,采用角色分配和角色分配组织结构图叠加的权力感操纵方法效果最佳,其次为角色分配法,回忆法的启动效果较差。我们认为可能存在以下一些原因:

首先,回忆法要求被试描述一件曾经发生的领导他人或被他人领导的事件,以此作为权力感启动的线索。领导他人是愉快的事情,但是对领导者来说,回忆被他人领导的经历,多少有点不愉快的情绪,所以在回忆中会尽量避重就轻,还会尽量凸显自己的功劳和作用。所以从汇报的权力感检验值来看,高权力感启动的检验值($M=4.73$,$SD=1.04$)与低权力感启动的检验值($M=4.6$,$SD=1.24$)相差无几,而且低权力感启动的检验值远远大于其他方式启动的权力感检验值,此为其一。其二,从理论上来说,因为高权力者的自我概念一致性较高(Kraus, Chen, & Keltner, 2011),只有当个体的属性权力(dispositional power)与情境权力(situational power)匹配较高时,高权力者的操纵效果才比较好。但是回忆法只操纵了属性权力,忽略了情境变量,所以回忆法中低权力者的启动效果不理想。

其次,角色分配法,因为使用较为贴合的情境描写,通过丰富的社会信息的提供,能够更好地使被试融入角色,唤起被试权力感受,所以这种操纵方法情境性较强,具有较好的外部效度(Galinsky et al., 2003)。

而组织结构图的优势可能在于非常形象生动地陈述了人们的位置关系,与文字相比,人们可能对图形的感受更深刻。而且,组织结构图具有启动效果也有一定的理论依据。有研究显示,组织结构图与人们喜欢运用的在空间维度表征权力大小的方式非常相似,在组织结构图中处于较高位置代表权力较高者,位置越高代表权力越高,位置越低代表权力越低(Giessner & Schubert, 2007)。另有研究曾经使用组织结构图中格子和字体的大小来操纵权力大小,结果显示启动有效;也有研究使用字体较大的单词表示高权力,结果发现被试的反应时更短(Schubert, Waldzus, & Giessner, 2009)。这些研究结果都直接或间接论证了用空间位置和大小启动权力这种方式的有效性。

预研究结果明确了有经验的领导者权力启动的最佳方式,为接下来的研究工作奠定了基础。

第五章 得失框架下权力感对风险决策的影响

第一节 概　　述

权力感对风险决策的影响是本研究关心的核心问题,本章旨在探究个体权力状态和风险决策在得失框架下的关系。我们将从三个角度界定个体权力状态,即实际职位差异带来的高低权力状态、特质性权力感和操纵的状态性权力感,剖析个体不同权力状态界定方式对风险决策的影响。

其中,实际职位差异带来的权力是指职位权力。职位权力是指社会组织或上级根据个体担任的职务职级等赋予的权力,是一种客观权力和硬权力。French & Raven(1959)关注权力的来源和职权等对权力行为的影响,提出了法定权力、强制权力、奖赏权力、专家权力和参照权力,其中法定权力就是指由于在组织中的正式职位而具有的权力,如果把一个管理者的头衔和职位取消,他的法定权力就消失了。Northouse(2001)认为组织中的权力主要有职位权力和个人权力两种,职位权力就是指一个人在正式组织中,由特定头衔衍生而来的权力。Lucas(2005)认为,权力来源于职位、专长、领袖魅力、奋斗和人际网络。Kanter(1977)也认为在组织中,决定影响力的是职位而不是个人。可见,由职位产生的权力是权力感的重要来源。因此,本研究把职位权力作为界定个体权力状态的重要维度,在实验1中,将通过职位权力的差异,来考察权力感和风险决策的关系。

特质论认为,基本特质的主要特征具有跨时间的稳定性和跨情境的一致性。特质权力感是个体一种比较持久的(具有时间的延续性)而稳定(具有情境一致性)的内在的权力感知。特质权力感高的个体在大部分社会场景中都能够减少外界环境对自己的影响,而特质权力感低的个体易受到环境或者他人的影响(谭洁,2016)。在实验 2 中,将通过 Anderson(2005)等人编制的权力感知综合量表(Generalized Sense of Power Scale,GSPS)测量个体的特质权力感,考察权力感和风险决策的关系。

心理学家 Mischel(1968)对特质论提出质疑,他认为行为是随情境而异的。他在《人格与评鉴》一书中提出:如果人格特质存在,那么反映某种特质的思想、情感和行为就应该具有跨时间、跨情境的高相关。但是,除了智力行为具有跨情境的一致性、场独立性或场依存性行为的相关系数高达 0.50 以外,其余像所有的对他人态度的特质,几乎没有证据证明反映这些特质行为的一致性。这些特质在不同情景下的行为的相关系数不超过 0.30(黄希庭,2004)。因此,实验 3 将通过状态性权力感考察权力感和风险决策的关系。所谓状态性权力感是指当个体处于高权力感情境或低权力感情境下,因受到相应权力情景的刺激或某些其他条件而体会到较高或者较低的权力感知。当个体在某些社会场景中具有控制资源的能力或是对他人的行为结果产生影响,就会产生较高的状态性权力感(Galinsky et al.,2003;段锦云等,2012)。

综上所述,研究一将通过三个实验分析权力感和风险决策的关系,三个实验都在得失框架下实施,具体如下:

实验 1 通过职位权力的差异,考察被试得失框架下权力感和风险决策的关系。

实验 2 通过测量特质权力感大小,考察被试得失框架下权力感和风险决策的关系。

实验 3 通过操纵状态性权力感高低,考察被试得失框架下权力感和风险决策的关系。

本章研究假设:

H1:得失框架下权力感对风险决策有正向影响作用。

本章理论模型:

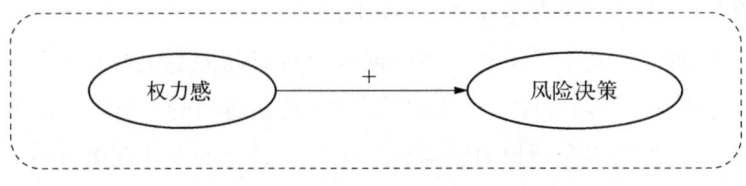

图 5.1　第五章的理论模型

第二节　得失框架下职位权力对风险决策的影响

组织中的每个人都有自己对应的职位,领导者与下属之间的上下级关系,往往通过职位高低和职权大小来区分。本实验把处级及以上职位的被试定义为高权力组,科级及以下职位的被试定义为低权力组,考察具有不同职位个体的权力感与风险决策的关系。

一、研究方法

1. 被试

从某党校培训班中随机抽取 119 位被试,其中男 69 人,女 50 人,处级及以上 55 人,科级及以下 64 人,平均年龄 41.07 岁,标准差为 6.52。所有被试均未参加过类似实验。

2. 实验设计

实验 1 采用 2(框架类型:得/失)×2(权力:高/低)混合设计。其中,框架类型为被试内变量,权力高低为被试间变量。因变量是风险决策问卷上的冒险得分。

3. 实验材料

(1) 通过权力感问卷检验高低职位被试的权力感差异是否显著,采用 Anderson(2005)等人设计的权力感知综合量表(Generalized Sense of Power Scale,GSPS)作为权力感检验问卷。这是目前国内外应用最为广泛的权力感量表。DeCelles 等(2012)把权力感知综合量表测量的权力称为特质权力感(trait power),表示个体自身具有的主观权力。

该量表包含 8 个题目,采用 Likert 7 点记分,从 1(完全不符合)到 7(完全符合)。其中题目 1、3、5、8 为正向计分,2、4、6、7 为反向计分,量表包含的 8 个题目反映了同一因子——特质权力感,8 个题目加总的总分代表特质权力感水平,总分越高,则个体的权力水平越高,如下表 5.1 所示。相关研究显示该量表具有较好的信效度,量表的内部一致性系数 α 大于.80(Chen,Langner,& Mendoza-Denton,2009)。本次实验中,经检验,特质权力感问卷的内在一致性系数 α=.76，表明该问卷的内部一致性较高，具有较好的信度。

表 5.1 权力感知综合量表

条 目	完全不符合						完全符合
1. 在与人交谈或讨论的时候，我总是能够使他人聆听我的意见。	1	2	3	4	5	6	7
2. 我认为我的愿望难以改变目前状况。	1	2	3	4	5	6	7
3. 我总是能够找到有效的资源和途径来实现目标。	1	2	3	4	5	6	7
4. 尽管我努力去说服，但我的观点仍然没有什么影响力。	1	2	3	4	5	6	7
5. 我认为我有较大的影响力。	1	2	3	4	5	6	7
6. 我的想法和观点经常被大家忽视。	1	2	3	4	5	6	7
7. 即使我努力尝试，我也很难得到我想要的东西。	1	2	3	4	5	6	7
8. 我常常能成为做决定的那个人。	1	2	3	4	5	6	7

（2）因变量采用预实验的风险决策问卷。

4. 实验程序

本实验以某党校培训班的学员为被试，遵循自愿原则，利用培训课程中间休息时间实施。首先听取主试讲解指导语，接着每个被试在计算机房上机操作独立完成测试，测试由 Java 语言编程，一共包括风险决策问卷、权力感问卷和个人信息三个部分。风险决策问卷材料的"得失"情境呈现顺序得到了平衡，即一半被试呈现的风险决策问卷的"得失"情境为先"收益框架"后"损失框架"；另一半被试呈现的风险决策问卷的"得失"情境为先"损失框架"后"收益框架"，其中收益框架和损失框架中的六个题目分别随机呈现。整个过程大致持续 15 分钟。

二、结果与分析

1. 高低权力组被试权力差异分析

首先对两组被试的权力感得分进行独立样本 t 检验，结果如表 5.2 所示。两组被试的权力感得分差异显著：$t(117)=-5.26, p<.01$；高权力组被试的权力感（$M=5.36, SD=.73$）与低权力组被试的权力感（$M=4.66, SD=.71$）显著差异，说明通过职位差别区分的两组被试的权力感差异显著，分组有效。

表 5.2　高低权力组被试的权力感差异分析

	N	M	SD	t	p
高权力组	55	5.36	.73	−5.26	.00
低权力组	64	4.66	.71		

2. 高低权力组风险偏好差异分析

对两组被试的风险偏好得分进行差异分析。风险决策问卷的 12 个决策场景中,被试每选择一个冒险选项得 1 分,选择安全选项得 0 分。冒险得分代表被试的风险偏好程度,分数越高表示越偏好风险。表 5.3 为各实验条件下被试冒险得分的平均数和标准差。

表 5.3　实验 1 各条件下风险决策得分的平均数和标准差

	高权力(55)		低权力(64)	
	M	SD	M	SD
收益框架	.46	.26	.38	.25
损失框架	.75	.21	.63	.21

以得失框架、权力感高低为自变量,风险决策问卷得分为因变量,进行重复测量方差分析,结果发现,框架类型主效应非常显著,$F(1, 116) = 973.82$,$p < .001$,$\eta^2 = .894$;个体在损失框架下($M = .69$,$SD = .21$)比在收益框架下($M = .42$,$SD = .26$)更加偏好冒险的选项。权力感主效应非常显著,$F(1, 116) = 7.760$,$p < .01$,$\eta^2 = .063$;高权力感个体($M = .6$,$SD = .23$)比低权力感个体($M = .5$,$SD = .23$)更加偏好冒险的选项。检验权力感、框架类型之间的交互作用,发现权力感和得失框架之间的交互作用不显著 $F(1, 116) = .791$,$p > .05$,$\eta^2 = .007$)。

三、讨论

本实验考察了以实际职位为区分的高低权力状态对风险偏好的影响,研究结果发现:

(1) 以实际职位差异为区分的高低权力组的权力感差异显著,但是也存在高低不匹配的情况。从表 5.1 结果可见,处于不同职位水平的个体，其权力感受有显著差异，处级及以上的高权力组被试的主观权力感受比科级及以下的低权力组被试更高。但存在拥有较高职位的个体，把自己感知为低权力者，或者较低职位的个体，把自己感知为高权力者的现象。当高低职位与权力不匹配时，会对其决策心理和行为产生一定影响。高职位低权力感会降低风险偏好，而低职位高权力感会增加风险偏好。

（2）得失框架类型主效应非常显著。无论是高职位还是低职位的被试，都表现出一致的风险偏好倾向，即在损失框架中偏好风险，在收益框架中选择更保守。这一研究结果与以往关于得失框架对个体风险决策影响的研究结论较为一致：人们在面临收益框架时，往往会落袋为安、见好就收，会回避冒险来固守收益；而在面临损失框架时，往往会铤而走险、甘冒风险，会通过冒险来博得可能会有的收益。

（3）无论在收益框架还是损失框架，与低权力组被试相比，高权力组被试在风险情境中更倾向冒险选择。这个研究结果支持了假设 H1。该研究结果与以往的研究有一致之处。谢科范和刘骅（2009）研究发现，在面临赌局任务时，职位高的被试更愿意冒险，而低职位的被试则倾向于保守。李剑锋和徐联仓（1995）对企业管理者的风险决策研究中发现，经理在决策中的冒险倾向要强于科长，随着职级提高，风险偏好增加。我们认为，权力越高的个体拥有更强的控制感，对损失的敏感度更低，当面对风险时敢于用冒险来证明和提升自己。

实验 1 采用职位权力的差异，初步考察了权力感对风险决策的影响，初步验证了本章研究假设。接下来的实验将采用特质权力感问卷和操纵的状态性权力感方式，继续考察权力感对风险决策的影响，并进一步检验本章研究假设。

第三节　得失框架下特质权力感对风险决策的影响

大量与权力相关的研究更多关注权力产生的行为或心理差异，只是把权力视为心理变量而忽略了个体本身的特质权力感(Fiske, 1993；Galinsky,

2003)。而特质权力感具有跨时间的稳定性和跨情境的一致性,对个体在具体任务中的行为表现有较大影响。因此在实验2中,将采用特质权力感作为高低权力组区分的变量,进一步验证个体的权力状态如何影响风险决策偏好倾向。

一、研究方法

1. 被试

从某党校培训班随机抽取150位被试,其中男88人,女62人,处级及以上55人,科级86人,另有9人没有填写行政级别,平均年龄40.65岁,标准差为6.46。所有被试均未参加类似实验。

2. 实验设计

采用2(框架类型:得/失)×2(权力感:高/低)混合设计。其中,框架类型为被试内变量,权力感高低为被试间变量。因变量是风险决策问卷上的冒险得分。

3. 实验材料

(1) 采用Anderson(2005)等人权力感知综合量表(Generalized Sense of Power Scale,GSPS)测量个体的特质权力感。

(2) 因变量采用预实验的风险决策问卷。

4. 实验程序

该实验包括三个部分内容:风险决策问卷、特质权力感问卷和个人信息。被试首先录入个人信息,包括性别、年龄、行政级别等。接着填写风险决策问卷和权力感问卷。风险决策问卷材料的"得失"情境呈现顺序得到了平衡,即一半被试呈现的风险决策问卷的"得失"情境为先"收益框架"后"损失框架";另一半被试呈现的风险决策问卷的"得失"情境为先"损失框架"后"收益框架",其中收益框架和损失框架中的六个题目分别随机呈现。被试按照指导语,独立在计算机上完成。整个过程大致持续15分钟时间。

二、结果与分析

首先对不同行政级别、性别、年龄被试的特质权力感得分进行差异分析。结果发现,特质权力感在不同行政级别上差异显著,行政级别为处级的被试权力感得分($M=5.36$，$SD=.73$)显著高于行政级别为科级的被试权力感得分($M=4.67$，$SD=.68$)；男性($M=4.87$，$SD=.78$)与女性($M=4.94$，$SD=.76$)的权力感没有显著差异；老年($M=5.08$，$SD=.86$)、中年($M=4.93$，$SD=.78$)与青年($M=4.68$，$SD=.63$)三组的权力感得分也没有显著差异。

其次，进一步对特质权力感与风险决策偏好倾向进行分析。

1. 特质权力感与风险偏好的相关分析

对权力感量表得分与得失框架下风险偏好得分进行相关分析，结果发现，在收益框架下，被试的权力感得分与风险偏好得分呈显著正相关，$r=.357$，$p<.01$。在损失框架下，被试的权力感得分与风险偏好得分也呈显著正相关，$r=.177$，$p<.05$。说明在权力感量表得分越高的被试，无论在收益框架还是损失框架下都越倾向于冒险，但是在收益框架下比损失框架的冒险性更大。

2. 高权力与低权力组的特征差异分析

从以上分析可以得出一个基本结论，就是权力感高低与风险偏好有一定关系。因此，希望通过对不同权力感的个体在风险偏好中的分析，进一步探索两者之间的关系。

(1) 高低权力组的划分

按照 GSPS 权力感知综合量表的评分标准，每道题 1—7 计分，其中第 2、4、6、7 题，反向计分。分值越高，表示权力感越高。对被试的权力感得分进行 K-S 检验[①]，显著性水平 $p=.179>.05$，$Z=1.098$。根据 K-S 检验结果，所有被试的权力感得分服从正态分布。

将权力感得分前 27% 的被试定义为高权力组，将权力感得分后 27% 的被试定义为低权力组。采用方差分析检验，发现权力水平为高、低两组被试的 GSPS 量表得分有极其显著的差异：$t(91)=-22.257$，$p<.001$，表明对权力水平的划分是有效的，两个水平的平均得分和标准差如表 5.4 所示。

[①] K-S 检验是以两位苏联数学家 Kolmogorov 和 Smirnov 的名字命名的一种进行数据资料正态性检验的方法。它是用样本本身的信息来检验样本来自同一个总体(正态分布、均匀分布、泊松分布或指数分布)假设的一种统计检验方法。

表 5.4　被试权力感得分平均数及标准差

	高权力(43)		低权力(50)	
	M	SD	M	SD
权力感得分	5.86	.32	4.08	.43

(2) 高低权力组在风险决策上的差异分析

在问卷的 12 个决策场景中,被试每选择一个冒险选项得 1 分,选择安全选项得 0 分。冒险得分代表被试的风险偏好程度,分数越高表示越偏好风险。表 5.5 为各实验条件下被试冒险得分的平均数和标准差。

表 5.5　各实验条件下被试风险决策得分平均数及标准差

	高权力(43)		低权力(50)	
	M	SD	M	SD
收益框架	.48	.31	.18	.25
损失框架	.86	.21	.77	.27

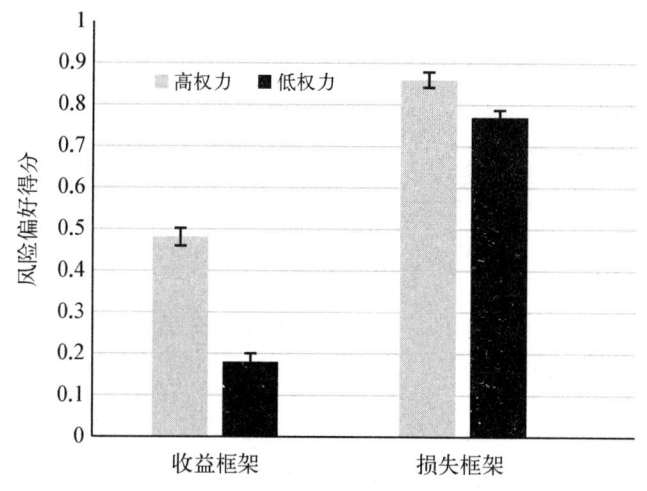

图 5.2　权力感和得失框架的交互作用

以得失框架、权力感高低为自变量,风险决策问卷得分为因变量,进行重复测量方差分析,结果发现,框架类型主效应显著,$F(1, 91) = 174.292$,$p < .001$,$\eta^2 = .657$;个体在损失框架下($M = .81$,$SD = .25$)比在收益框架下($M = .32$,$SD = .32$)更加偏好冒险的选项。权力感的主效应显著

$F(1,91)=23.387$, $p<.001$, $\eta^2=.204$)。权力感和得失框架类型之间的交互作用显著 $F(1,91)=8.350$, $p<.01$, $\eta^2=.084$),进一步简单效应分析发现,在收益框架下,高权力感被试与低权力感被试的风险决策差异显著, $F(1,91)=26.819$, $p<.001$, $\eta^2=.228$,高权力感个体相较于低权力感个体,更偏好风险选项,在损失框架下,两者不存在显著性差异,$F(1,91)=3.210$, $p>.05$, $\eta^2=.034$。

(3)特质权力感在不同职位上的风险决策差异分析

在实验一发现,职位权力的权力感大小虽然整体表现为职位越高权力感越高,但是也存在错位的情况,在实验二进一步对权力感在不同职位上的风险决策差异进行了分析(表5.6),发现在收益框架下,低职位高权力($M=.42$)比高职位低权力($M=.36$)更冒险。在损失框架下,高职位低权力最冒险($M=.91$)。

表5.6 各实验条件下风险决策得分的平均数和标准差

框架类型	职位	高权力		低权力	
		M	SD	M	SD
收益框架	高	.51	.29	.36	.28
	低	.42	.35	.17	.24
损失框架	高	.87	.17	.91	.13
	低	.82	.27	.75	.25

三、讨论

本实验考察了特质权力感对风险决策的影响,研究结果显示:

(1)实验2意在进一步探讨权力感对风险决策的影响。通过特质权力感的测量把被试区分为高权力组和低权力组,实验2发现,特质权力感与风险决策偏好呈正相关,权力感越高,决策越冒险。另外,与实验1不同的是,实验2研究发现权力感与风险决策有交互作用,在收益框架下,高低权力被试的风险决策差异显著,而在损失框架下,虽然高权力感被试比低权力感被试更冒险,但是差异不显著。即相对于损失框架,在收益框架下,提高权力感知更容易出现风险偏好现象,而在损失框架中,高低权力组的风险偏好差异缩小。这一研究结果与以往相关研究有一致之处。Sun等人(2016)研究发现,在收益框架下个体为社会距离较近的他人决策比为社会距离较远的他人决策更倾向风险规避,而在损失框架下两者无显著差异。刘永芳等人(2014)也发现,自我—他人决策差异在收益和损失框架下不对称,收益框架下存在自我—他人决策差异,而在损失框架下没有差异。

(2) 在影响个体特质权力感状态的变量中,性别、年龄等人口因素的影响较小,主要的影响因素是被试的职位和职权情况,职位越高,权力感越高。担任正职的权力感知最高,一般人员的权力感知最低。这与现实状况也非常吻合。同时,实验2也再一次验证了当职位和权力感错位时的风险偏好倾向。研究发现,高职位低权力感被试在损失框架下是最冒险的,风险偏好得分最高($M=.91$,$SD=.13$);低职位高权力感被试在收益框架下($M=.42$,$SD=.35$)比高职位低权力感被试在收益框架下($M=.36$,$SD=.28$)更冒险。

(3) 通过特质权力感量表测得权力感值,对高低权力区分是一种相对的划分,并不是绝对的分组。卢志巍(2015)以84名大学生为被试,测得其特质权力感为3.25。而在本研究中,实验1低权力组被试的特质权力感得分为4.66;实验2低权力组被试的特质权力感得分为4.08,都远远高于大学生权力感得分。这个研究结果与以往的研究有一致之处,王娜(2014)通过自编的权力感量表,对大学生、教师和公务员的权力感进行了分析,结果发现,学生、教师和公务员的权力感有显著差异,大学生的权力感得分最低,公务员权力感得分最高,教师居中,三者间的两两差异均达到显著水平。因此对于权力感普遍较高的群体,还可以通过其他方式对权力感状态进行控制,如操纵权力感的方法,进行高低权力分组。

(4) 与实验1一致,实验2的得失框架类型主效应非常显著。高低权力感被试都表现出一致的风险偏好倾向,即在损失框架中偏好风险,在收益框架中选择更保守。

第四节　得失框架下(启动的)权力感对风险决策的影响

实验3的目的是在验证实验1和实验2的结果基础上,进一步探究权力感与风险决策之间的因果关系。在实验3中,将采用权力感启动方法,对相同职位的被试分别做高低权力感的启动,通过操纵权力感变量,进一步探究权力感对风险决策的影响。

实验3采用"角色分配+组织结构图"的权力感启动方法。预研究结果表明,运用角色分配的启动方式,能够通过丰富的社会信息的提供,使被试较好融入角色,唤起被试权力状态,具有较好的外部效度。同时,组织结构图能够形象生动地陈述人们的位置关系,能够起到比文字更加深刻的感受和印象。

一、研究方法

1. 被试

从某党校培训班中随机抽取95位被试,其中男51人,女44人,处级及以上26人,科级及以下54人,另有15人没有填写行政级别,平均年龄41.74岁,标准差为9.44。所有被试均未参加过类似实验。

2. 实验设计

采用2(框架类型:得/失)×2(权力感:高/低)混合设计。其中,框架类型为被试内变量,权力感高低为被试间变量。因变量是风险决策问卷上的冒险得分。

3. 实验材料

(1) 自变量的控制

权力是关系范畴,是个体在特定情境中的角色及其与其他角色间互动的结果。因此在实验中,研究者常常给被试分配高权力角色和低权力角色,以期待不同角色表现出研究者所假设的与自变量有关的各种行为。另外,将参与不同角色的被试标记在组织结构图上的相应位置,通过呈现组织结构图来更好地表示高低权力者的从属关系,不仅简单易行,而且如前所述具有理论依据和较好的现实效果。

本研究对被试权力感的启动采用角色分配和组织结构图叠加的方式。因为实验1和实验2都验证了职位是影响权力感的重要变量,所以在接下来的权力感启动中,要考虑职位的情况。实验3权力感启动的具体操作过程如下:

首先尽量把相同职位的被试随机分配为领导(高权力者)和下属(低权

力者)两种角色。高权力者被告知,他们在此次活动中承担领导者的角色,掌握组织比较多且重要的资源和权力,不受他人评估和影响,控制组织运行,指导中层管理者。低权力者被告知,他们在此次活动中担任下属的角色,受上级领导指导和控制,需要将工作进展和决策结果及时向领导汇报,接受上级领导的评估和考核。并且在指导语的右侧附上一张三层的组织结构图,标明"领导者"居于整个结构图的最上层,"下属"居于整个结构图的最下层。

(2) 权力感启动操作检验

对权力感启动的操作检验,主要是通过被试在阅读完指导语后,回答以下两个问题:"该角色分配让我觉得我有指导和影响其他人的能力""该角色分配让我觉得我有不受其他人控制和影响的能力"。从"完全正确"到"完全不正确"进行七点自评。

(3) 因变量采用预实验的风险决策问卷

4. 实验程序

该实验包括三个部分内容:权力感启动、风险偏好测试和个人信息。首先录入个人信息,包括性别、年龄、行政级别等。然后对被试进行权力感启动和权力感启动的操作检验。接着被试根据指导语完成风险决策问卷。每个情境内容在电脑屏幕用单页方式显示,风险决策问卷材料的"得失"情境呈现顺序得到了平衡,即一半被试呈现的风险决策问卷的"得失"情境为先"收益框架"后"损失框架";另一半被试呈现的风险决策问卷的"得失"情境为先"损失框架"后"收益框架",其中收益框架和损失框架中的六个题目分别随机呈现。被试按照指导语,独立在计算机上完成。整个过程大致持续 15 分钟。

二、结果与分析

1. 权力感启动的操作检验

检验权力感启动的操作是否有效。角色分配后,要求被试对权力心理感受的两个问题给予评分(从 1 完全不正确到 7 完全正确):"该角色分配让我觉得我有指导和影响其他人的能力""该角色分配让我觉得我有不受其他人控制和影响的能力"。对两组被试的得分进行独立样本 t 检验,结果如表 5.7 所示。两种条件唤起的被试的权力感得分差异显著：$t(91) = -12.900$, $p < .001$, 操纵为高权力感组被试的权力感得分($M = 4.61, SD = .81$)显著高于操纵为低权力感组被试的权力感得分($M = 2.53, SD = .74$)，权力感启动有效。

表 5.7 权力感启动效果检验结果表

权力感	N	M	SD	t	p
高	49	4.61	.81	−12.900	.000
低	46	2.53	.74		

2. 各实验条件下的风险偏好

以得失框架、权力感高低为自变量，风险决策问卷得分为因变量，进行重复测量方差分析，结果发现，框架类型主效应非常显著，$F(1, 93) = 114.30, p < .001, \eta^2 = .551$；个体在损失框架下($M = .64, SD = .35$)比在收益框架下($M = .24, SD = .27$)更加偏好冒险的选项。权力感主效应非常显著 $F(1, 93) = 49.73, p < .001, \eta^2 = .348$。高权力感被试($M = .59, SD = .24$)比低权力感被试($M = .29, SD = .29$)更加偏好冒险选项。检验权力感、框架类型之间的交互作用，发现权力感和得失框架类型之间的交互作用显著 $F(1, 93) = 4.084, p < .05, \eta^2 = .042$。进一步简单效应分析发现，在收益框架下，高低权力者的偏好风险存在显著性差异，$F(1, 93) = 19.504, p < .001, \eta^2 = .173$，高权力感个体($M = .35, SD = .28$)比低权力感个体($M = .13, SD = .20$)。在损失框架下，高低权力者的偏好风险也存在显著性差异，$F(1, 93) = 36.812, p < .001, \eta^2 = .284$。相较于低权力感个体($M = .45, SD = .38$)，高权力感个体($M = .82, SD = .19$)也更偏好风险选项，而且差异性在收益框架下更大。

表 5.8 各条件下被试冒险得分的平均数和标准差

	高权力(49)		低权力(46)	
	M	SD	M	SD
收益框架	.35	.28	.13	.20
损失框架	.82	.19	.45	.38

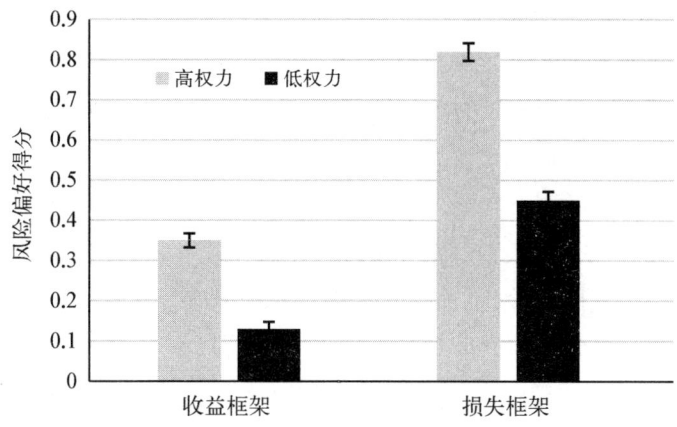

图 5.3 权力感和得失框架的交互作用

三、讨论

本实验考察了操纵的权力感在得失框架下对风险决策的影响,研究结果显示:

(1) 实验 3 旨在进一步探讨权力感大小对风险决策的影响。通过让被试承担不同的任务角色来操纵权力感大小,来考察得失框架中风险决策的变化。实验 3 研究发现,权力感大小能够正向影响个体的风险决策:权力感越大,个体在得失框架中的风险偏好明显增加,实验结果再一次支持了研究假设。

(2) 得失框架类型主效应非常显著。高低权力组被试都表现出一致的风险偏好倾向,即在损失框架中偏好风险,在收益框架中选择更保守。这一实验结果与实验 1、2 的结果一致。

(3) 实验 3 研究结果显示,与实验 2 研究结果相似,实验 3 也发现权力感与风险偏好的交互作用。在收益框架下,高低权力感被试的风险偏好差异显著。与实验 2 不同的是,实验 3 发现在损失框架下,高权力感被试比低权力感被试更冒险的差异也是显著的,而且比在收益框架中的差异更大。

第五节 讨 论

本研究通过 3 个实验,采用多种权力感启动方法探讨了权力感对风险决策的影响,结果发现：

1. 得失框架对风险决策的影响

"得失"框架是影响人们决策的重要因素,人们的决策问题绕不过"得"和"失"两大方面。两利取其重和两害取其轻的决策渗透在生活的方方面面。通过本研究的 3 个实验,发现得失框架对风险决策影响的两个规律：

首先,3 个实验都发现了得失框架的主效应。即无论是高权力感被试还是低权力感被试,个体面对损失框架的风险决策会比收益框架的风险决策更冒险。虽然前景理论早就提出,人们在收益框架下,面对确定的收益和"赌一把"之间,往往会选择确定的小收益而放弃有风险的大收益,所谓"见好就收,落袋为安""二鸟在林,不如一鸟在手"。而面对损失框架,即确定的损失和"赌一把"之间,为避免固定的损失而倾向于选择冒险的选项。但是得失框架对人们决策行为的影响还是值得研究者的持续关注,在本研究中,得失主效应非常显著,证实了不仅自我决策和为他人决策存在得失差异,而且在介于自我决策和为他人决策的任务情景中,同样存在得失影响的主效应。再一次证实了人们在面临收益框架时,往往小心翼翼,见好就收；而在面临损失框架时,往往铤而走险,甘冒风险的普遍心理状态。

其次,风险决策中的得失不对称现象。本研究的 3 个实验中,在收益框架下,权力感对风险决策的影响比较一致,而在损失框架下,权力感对风险决策的影响相差较大。实验 1 发现了得失框架和权力感主效应显著,而交互作用不显著。实验 2 和实验 3 不仅发现主效应显著,也同时发现了交互作用显著。但是两个实验结果的交互作用存在差异,实验 2 的结果显示,收益框架中,两者差异显著, $F(1, 91) = 26.819$, $p < .001$, 损失框架中,两者不存在显著性差异, $F(1, 91) = 3.210$, $p > .05$。 也就是说在收益框架中,高低权力被试的风险偏好差异更大,而在损失框架中,两者的差异趋小,因此,其得失不对称现象表现为：相对于损失框架,在收益框架下,个体提高权力感受能更容易增加风险偏好。而实验 3 的结果显示,收益框架中,两者差异显著, $F(1, 93) = 19.504$, $p < .001$, 损失框架中,两者差异更显著, $F(1, 93) = 36.812$, $p < .001$。 也就是说,在收益框架下,相较于低权力感个体,高权力感个体更偏好风险选项,损失框架中,高低权力被试的风险偏好差异比在收益框架中的差异更大,损失框架使得高权力感个体更冒险,增大了风险偏好的差距。从某些方面来说,导致损失框架中两者差异不稳定

的原因,可能是因为权力感与风险偏好之间存在一定的调节变量,由于这些调节变量对两者的影响在损失框架中的影响更明显,所以导致了研究一中实验结果之间的差异,研究二将进一步探究这个问题。

2. 高低权力者在风险决策上的差异

通过研究一的3个实验发现,在风险决策中,无论收益框架还是损失框架,高权力感被试比低权力感被试都更冒险。本研究证实了研究假设,权力感能够正向影响个体的风险偏好:权力感越大,个体在得失框架中的风险偏好明显增加。风险,实质上是对潜在损失的承受能力。高权力感被试认为自己比低权力感被试更能承受损失。

但是,研究中发现主观权力感受与客观权力并非完全一一对应,甚至存在差异。职位权力是指客观权力,是社会组织或上级根据一定职务或位置所赋予个体的权力,这种由于在组织中所处的位置不同决定的权力,只是影响人们行为的一个方面,它与主观权力感并非一一对应(Schmid Mast, Jonas, & Hall, 2009)。

实验1和2都发现,当客观权力与主观权力一致时,高主观权力感增强了高客观权力被试的风险偏好,低主观权力感弱化了低客观权力被试的风险偏好。如实验2中,在收益框架中,高职位高权力感被试最冒险($M=.51$),其次是低职位高权力感被试($M=.42$),低职位低权力感被试最保守($M=.17$)。在收益框架中,低职位高权力感被试会重建权力,因此在风险情境中会更偏好冒险。而在损失框架中,高职位低权力感被试最冒险($M=.91$),其次是高职位高权力感被试,低职位低权力感被试冒险程度最低($M=.75$)。高职位低权力感被试在损失框架中会更加倾向维持权力,损失框架中维持权力最好的方式是冒险,所以高职位低权力感被试在损失框架中会倾向冒险。

此外,个体的特质权力感与状态性权力感也可能会出现不匹配的情况。当个体本身的特质权力感与情景状态不相匹配的时候,个体容易出现心理或行为上的压力和冲突,并希望通过行为来改变这种不一致的心理冲突(Edwards & Van Harrison, 1993; & Festinger, 1962)。例如,当高特质性权力感的个体处于低权力感的情境时,会希望通过下意识的追求和地位相关的产品等这些行为来减少心理冲突(李信,2016)。

因此,关于客观权力与主观权力不匹配、特质权力感与状态性权力感不匹配的现象值得深入探讨,将在接下来的研究中通过实验验证当高低权力感被试面临权力不稳定时的风险偏好,是否会出现不同。

3. 三种界定权力感的方法比较

为了从不同角度、方法检验权力感对风险决策的影响,本研究的3个实验分别使用了3种界定权力感的方法进行全面考察。实验1采用职位区分权力大小,即把较高职位的被试界定为高权力感被试,而把较低职位的被试界定为低权力感被试;实验2采用测量的特质权力感区分权力感大小,即测得的权力感得分较高的被试为高权力感被试,而测得的权力感得分较低的被试为低权力感被试;实验3采用操纵的方式启动高权力者和低权力者。结果发现,3个实验中权力感和得失框架的主效应都显著,但是权力感和得失框架的交互作用结果却不同,实验1没有出现交互作用;实验2有交互作用,收益框架差异显著,损失框架差异不显著;实验3有交互作用,收益框架差异显著,损失框架差异更显著。

我们认为,之所以出现不同的实验结果,是因为实验1和2的权力感差异是相对稳定的,实验3是情境性的权力感状态,相对不稳定更强。实验1和2的结果存在差异,是因为实验1采用职位区分,虽然是一种相对稳定的区分,但是相同职位的被试间也存在权力感的差异,甚至存在职位权力与特质权力感错位的情况,这就使得实验1出现与实验2不一致结果的情况。实验2通过测量而得的权力感是比较稳定的个人特质,反映了个体较为日常和持续的状况,所以与以往关于得失框架对风险决策出现的研究结果一致。实验3是用特定的情境启动权力感,情境因素会带来权变性的后果,因此在损失框架下出现变异性更大的结果。

三种不同方式出现的效应有大有小、交互作用不一致恰恰反映了在权力感影响风险决策的过程中,除了权力高低这个维度,应该还存在其他一些影响的维度。研究文献表明,研究者在关注权力的高低维度这个较为常用的区分因素以外,还对权力动机和权力稳定性等因素对风险决策的影响做了探讨(Manner, 2007)。因此,在接下来的研究二中,将重点探究权力感影响风险决策的调节因素:权力动机和权力稳定性。

此外,在研究一的3个实验中,都选用同一个风险决策问卷测量被试的风险偏好情况,运用同一个因变量可能会存在一定的偏差,用更多的因变量测试方法或许可以避免可能存在的偏差。因此,在接下来的实验中将考虑变换一种因变量测量方式,以验证因变量测量的有效性。

第六节 小 结

第五章旨在探讨得失框架下权力感对风险决策的影响。通过 3 个实验,研究发现,无论是职位权力(实验 1)、特质权力感(实验 2)还是操纵的权力感(实验 3),权力感都增加了个体的风险偏好,高权力感个体相对于低权力感个体有更高的冒险倾向,当然也不能认为越是高权力感个体越喜欢冒险。运用不同权力测量和操纵方式,这一结论完全一致,证实了结论的可靠性,验证了本研究的假设 1。

第五章验证了假设 1,但是也发现了一些不稳定的现象,3 个实验 3 种不同方式出现的效应有大有小,交互作用有不一致,可能恰恰反映了在权力感影响风险偏好的过程中,除了高低这个维度,还存在其他一些影响的维度。因此在接下来的第六章将探讨调节变量对权力感影响风险偏好的变化。

第六章 得失框架下权力感影响风险决策的调节变量研究

第一节 概 述

第五章主要探讨了权力感对风险决策的影响。3个实验都验证了权力感增加个体风险偏好的研究结论,但是,3个实验结果出现的实验效应有大有小,交互作用也存在不一致之处,提示我们思考在权力感影响风险决策的过程中,除了权力高低这个维度之外,可能还存在其他一些影响因素需要进一步探究和分析。基于实证研究一,研究二将探讨权力感对风险决策影响的调节变量,即权力动机和权力稳定性对权力感影响风险决策的调节作用。检验在权力动机和稳定性的影响下,高低权力状态被试在得失框架中的冒险或者保守选择出现怎样的变化。

众所周知,动机是个人行为的原因和动力,为个人行为提出目标,使个人明确其行为的意义并为个人行为提供力量以达到其体内平衡。Slovic(1964)认为人们的冒险行为很容易受动机影响。权力感虽然增强了个体的风险偏好程度,但是权力动机的影响同样值得重视。事实上,风险决策在本质上涉及个人更深层愿望和动机的投射和卷入(Guinote, 2017; 刘永芳,王鹏,庄锦英,钟俊,孙庆洲,刘毅, 2014),作为与权力相关最为紧密的动机,权力动机对风险决策的影响不容忽视。因此在研究二实验4中,我们将通过信效度较高的权力动机量表测得被试的权力动机水平,剖析权力动机对权力感影响风险决策的调节作用。

如果说权力动机是权力感影响风险决策的内部调节因素,那么权力稳定性则是权力感影响风险决策的外部调节因素。有研究指出,权力的稳定性是权力影响个体认知和工作行为的一个重要边界条件(Jordan,

Sivanathan, & Galinsky, 2011)。权力的上升或下降,会影响和改变个体的效能感与行为取向。以往研究更侧重从静态的视角研究权力,而对权力升降的动态变化的相关研究关注较少。事实上,在实际工作生活中,个体的权力状态随着环境在不断发生变化,权力感常常是不稳定的。因此,在已有关于权力感与风险决策的研究基础上,研究二将进一步探究权力稳定性在影响风险决策行为中的潜在作用,以使权力感与风险决策的关系更为全面和清晰。所谓的权力稳定性是指权力是否是不可改变的(Kim, Shin, & Lee, 2017)。在研究二实验5中,我们将参照 Hiemer 和 Abele(2012)操纵权力稳定性的方法,分别对高低权力感被试做权力稳定性的启动,以探究权力稳定性对权力感影响风险决策的调节作用。

该部分待检验的假设如下:

H2:权力动机调节权力感与风险决策之间的关系。

H2a:对高权力者而言,在收益框架中,权力动机削弱了权力感与风险偏好之间的关系,即拥有高权力动机倾向的个体,权力感与风险偏好之间的关系会降低。在损失框架中,权力动机增强了权力感与风险偏好之间的关系,即拥有高权力动机倾向的个体,权力感与风险偏好之间的关系会更加明显。

H2b:对低权力者而言,无论收益框架还是损失框架,权力动机增强了权力感与风险偏好之间的关系,即拥有高权力动机倾向的个体,其权力感知与风险偏好之间的关系会更加明显。

H3a:当权力不稳定时,收益框架下,高权力者比低权力者更偏好保守选项。

H3b:当权力不稳定时,损失框架下,高权力者比低权力者更偏好风险选项。

H3c:当权力稳定时,得失框架下,高权力者比低权力者更偏好风险选项。

本章理论模型:

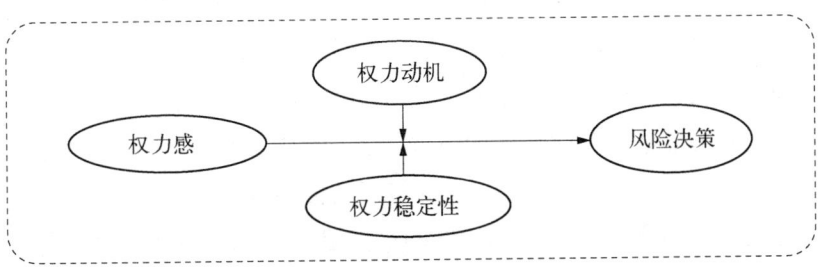

图 6.1 第六章的理论模型

第二节 得失框架下权力感对风险决策的影响：权力动机的调节作用

权力虽然极大地提高了个体承担风险的能力,但是个体的风险偏好在很大程度还依赖于个体权力动机的大小。权力动机是人们最基本的动机,也是在社会和组织情景中最普遍的动机。实验4旨在探究权力动机大小对个体权力和风险决策关系的调节作用。

一、研究方法

1. 被试

从某党校培训班中随机抽取108位处级干部(女性：51名；平均年龄46.18岁,标准差为4.92)参与实验。其中,低权力感组被试53名(女性：19名；平均年龄47.50岁,标准差为4.73),高权力感组被试55名(女性：32名；平均年龄44.89岁,标准差为4.80),所有被试均未参加过类似实验。

2. 实验设计

采用2(框架类型：得/失)×2(权力感：高/低)×2(权力动机：高/低)混合设计。其中,框架类型为被试内变量,权力感和权力动机高低为被试间变量。因变量是风险决策问卷上的冒险得分。

3. 实验材料

(1) 权力感启动

采用角色分配＋组织结构图的方式启动被试的权力感(Galinsky et al., 2015)。具体操作过程为：把被试分配为领导者(高权力者)和下属(低权力者)两种角色。高权力者被告知,他们掌握小组比较多且重要的资源,由他(她)指导小组成员完成任务,控制整个小组活动节奏,推动小组活动进程,不受他人影响。低权力者被告知,他们受小组领导指导和控制,需要将任务完成进展和决策结果及时向小组领导汇报,接受小组领导的评估和考核。并且在指导语的右侧附上一张三层的组织结构图,标明"领导"居于整个结构图的最上层,下属居于整个结构图的最下层。53名被试被启动为低权力者,55名被试被启动为高权力者。

(2) 权力感启动的操作检验

基于权力定义及已有研究(Galinsky et al., 2015; Schmid, Jonas, & Hall, 2009),被试在阅读完分配的角色后,回答以下两个问题:"该角色分配让我觉得我有指导和影响其他人的能力""该角色分配让我觉得我有不受其他人控制和影响的能力"。从"完全正确"到"完全不正确"进行7点自评。

(3) 风险偏好测量

为贴近管理者的日常工作情境,自编风险决策问卷。共计12个情境(收益与损失框架各6个),每种情境都提供两个选项,A为低风险偏好选项,B为高风险偏好选项。最后以选择高风险偏好选项B的概率作为因变量,即风险偏好得分。预实验施测结果显示,收益框架下的内部一致性系数 $\alpha = .71$,损失框架下的 α 系数为 .67,这表明问卷中各个情境的一致性较好,是比较可靠的测量个体风险偏好的工具。本研究中,该问卷内部一致性系数 $\alpha = .72$。

(4) 权力动机测量

采用目前测量权力动机使用最广泛的量表——权力欲望量表(Desire for Power and Authority Scales)来测量被试的权力动机大小。该量表是成就动机量表(Achievement Motivation Scale)中的一个子量表,由七个条目组成,如"我喜欢发号施令、指挥工作。",采用李克特5点评价方法:① 非常不同意、② 较不同意、③ 不确定、④ 比较同意、⑤ 非常同意,由被试自评确定等级。数字越大代表权力动机越高。量表内容如下表6.1所示。Maner 和 Mead(2010)的研究显示,该量表的 α 系数为 .81。本次实验中,经检验,权力动机量表的内在一致性系数 $\alpha = .74$,表明该问卷的内部一致性较高,具有较好的信度。

表 6.1 权力动机量表

条　目	非常不同意				非常同意
1. 我喜欢发号施令、指挥工作。	1	2	3	4	5
2. 对他人拥有权威,这点让我很享受。	1	2	3	4	5
3. 当我所在的团队策划一项活动,我更愿意承担指导而不是参与帮助的角色。	1	2	3	4	5
4. 我愿做一个好领导。	1	2	3	4	5
5. 我常常是我所在团队的领头人。	1	2	3	4	5
6. 人们重视我的言论。	1	2	3	4	5
7. 我喜欢做计划,并决定团队中其他人做什么。	1	2	3	4	5

4. 实验程序

每个被试在计算机房上机操作独立完成测试,测试由 Java 语言编程。仿照 Maner 等(2007)的实验顺序,首先对被试进行权力感启动和启动的操作检验,接着被试根据指导语完成风险决策问卷、权力动机问卷、个人信息(性别、年龄)。整个过程持续 20 分钟左右。最后告知被试研究目的并表示感谢。

(1) 对被试进行权力感的启动和权力感启动的操作检验。

(2) 被试根据指导语完成风险决策问卷。每个情境内容用一页电脑屏幕显示。实验中 12 个场景随机呈现。

(3) 被试根据指导语完成权力动机问卷。

(4) 被试完成个人信息录入。个人信息包括性别、年龄、行政级别等。

二、结果与分析

1. 权力感启动的操作检验

对两组被试的权力感得分进行独立样本 t 检验(表 6.2),结果发现,高权力感启动组的得分($4.79\pm.94$)显著高于低权力感启动组的得分($3.26\pm.98$),$t(106)=8.22$,$p<.001$,Cohen's $d=1.58$,$95\%CI=[1.16, 1.89]$,$BF_{10}=1.09e+10$,表明权力感启动有效。

表 6.2 权力感启动效果检验结果表

权力感	N	M	SD	t	p
高	55	4.79	.94	8.22	.000
低	53	3.26	.98		

2. 动机水平划分

按照计分方法,计算得出每名被试的动机水平总分,分值越高,表示被试的动机水平越高。对被试的动机水平分数进行 K-S 检验,显著性水平 $p=.067>.05$,$Z=1.303$。根据 K-S 检验结果,所有被试的动机水平得分服从正态分布。

把得分大于平均分的被试定义为高动机水平,把低于平均分的被试定义为低动机水平。对高低两组被试的得分进行独立样本 t 检验,结果显示,两组被试的动机水平得分有极其显著的差异：$t=8.624$，$p=.000$，高权力动机组得分（$M=4.08$，$SD=.83$）比低权力动机组得分（$M=2.89$，$SD=.38$）更高，表明对动机水平的划分是有效的。

3. 各实验条件下的风险偏好

表 6.3 为风险偏好的描述统计以及各研究变量的相关关系。以风险情境和权力感为自变量，对风险偏好进行二因素方差分析，结果发现，权力感的主效应显著，$F(1, 106) = 10.06$，$p<.01$，$\eta^2=.09$，$95\% CI = [.04，.16]$，高权力感者的风险偏好水平（.56±.31）显著高于低权力感者（.46±.32）；损益情境的主效应显著，$F(1, 106) = 316.70$，$p<.001$，$\eta^2=.75$，$95\% CI = [.42，.52]$，损失框架下的风险偏好水平（.75±.20）显著高于收益框架下（.28±.23）；两者的交互作用显著，$F(1, 106) = 4.38$，$p=.04$，$\eta^2=.04$。

表 6.3　风险偏好的描述统计（$M±SD$）及各研究变量的相关关系（r）

	描述统计		相 关 关 系			
	权力感	变　　量	a	b	c	d
收益框架	高：.35±.23	a. 权力感	1			
	低：.20±.20	b. 权力动机	−.12	1		
损失框架	高：.77±.24	c. 收益框架下的风险偏好	.33***	.06	1	
	低：.72±.16	d. 损失框架下的风险偏好	.11	.06	.19*	1

注：* $p<.05$，*** $p<.001$。

进一步的简单效应检验发现，收益框架下，高权力感者的风险偏好水平（.35±.23）显著高于低权力感者（.20±.20），$t(106) = 3.64$，$p<.001$，Cohen's $d=.71$，$95\% CI = [.07，.24]$，$BF_{10}=61.31$；损失框架下，高权力感者的风险偏好（.77±.24）与低权力感者的风险偏好（.72±.16）不存在显著差异，$t(106)=1.11$，$p=.27$，Cohen's $d=.22$，$95\% CI = [−.03，.12]$，$BF_{10}=.35$。

4. 调节效应检验

表 6.4 采用分层回归，分别考察了收益框架与损失框架下权力动机对权力感与风险决策之间关系的调节作用。按照已有研究（Aiken & West, 1991；Hayes, 2013）的建议，权力动机在回归前进行了中心化处理（所有的

值减去均值 3.33),权力感是二分变量(0=低权力感,1=高权力感)。回归分三步:第一步,纳入自变量;第二步,纳入自变量和调节变量;第三步,纳入自变量、调节变量以及两者的交互项。

表 6.4 得失框架下权力动机对权力感与风险决策之间关系的调节作用分析

	预测变量	Step1		Step2		Step3	
		β	t	β	t	β	t
收益框架	权力感	.33***	3.13	.34***	3.75	.35***	4.15
	权力动机			.10	1.10	.55***	4.30
	权力感×权力动机					−.59***	−4.67
	F	13.24***		6.23**		13.06***	
	R^2	.11		.12		.27	
	ΔR^2	.11		.01		.15	
损失框架	权力感	.11	1.11	.12	1.19	1.21	.23
	权力动机			.08	.77	1.43	.16
	权力感×权力动机					−1.23	.22
	F	1.24		.91		1.11	
	R^2	.01		.02		.03	
	ΔR^2	.01		.01		.01	

注:$N=108$,β=标准化系数,* $p<.05$,** $p<.01$,*** $p<.001$。

结果发现,权力感与权力动机的交互项不能显著预测损失框架下的风险偏好,但能够显著负向预测收益框架下的风险偏好水平,$\beta = -.59$,$t = -4.67$,$p<.001$,能够解释总体变异的 15%,表明收益框架下权力动机的调节效应显著。根据已有研究(Aiken & West, 1991; Dawson & Richter, 2006)的建议,对数据进一步的简单斜率分析。将权力动机得分大于均值(3.33)的划分为高权力动机组,低于均值的划分为低权力动机组。以权力感为预测变量,风险偏好为因变量,进行回归分析,结果发现,权力感能够显著正向预测低权力动机者的风险偏好($\beta=.63$,$t=5.96$,$p<.001$),不能显著预测高权力动机者的风险偏好($\beta=-.09$,$t=-.64$,$p=.53$)。

三、讨论

本研究探讨了损益情境下权力感对风险决策的影响及其权力动机的调

节作用,研究结果发现:

(1) 收益框架下,高权力感被试的风险偏好显著高于低权力感被试;损失框架下,两者的风险偏好水平不存在显著差异。

(2) 权力动机对权力感与风险偏好之间的关系有调节作用。实验结果证实了假设2,权力感与风险偏好的关系受权力动机的调节。总的来看,权力感和权力动机的交互作用显著,对高权力感被试来说,权力动机水平削弱了冒险程度,权力动机水平越高,决策反而越保守;对低权力感被试来说,权力动机水平增强了冒险程度,权力动机水平越高,决策越冒险。

(3) 但是,结合得失框架具体来看,研究结果和研究假设 H2a"在高权力感组,无论得失框架,权力动机都削弱了个体的冒险偏好程度"部分一致。也就是说"对高权力者而言,在收益框架中,权力动机削弱了权力感与风险偏好之间的关系"这个假设得到了验证。高权力动机的冒险得分($M=.19$, $SD=.18$)与低权力动机的冒险得分($M=.42$, $SD=.30$)的差异显著。在收益框架中,领导者的权力动机越高决策越保守,权力动机越低反而越冒险。

但是,"在损失框架中,权力动机增强了权力感与风险偏好之间的关系"这个假设没有得到验证。高权力动机的冒险得分($M=.76$, $SD=.21$)与低权力动机的冒险得分($M=.80$, $SD=.24$)没有很大差异。在损失框架中,领导者的冒险性不受权力动机的影响,无论动机高低,都在风险决策中选择了风险性更高选项。损失框架下,权力感及权力动机无法显著预测个体的风险偏好水平。这一结果再次印证了已有研究关于"在逆境下对损失的厌恶会掩盖其他因素产生的影响"论述。收益框架下,权力感能显著正向预测低权力动机个体的风险偏好水平,但不能显著预测高权力动机者的风险偏好水平。这一结果说明,收益框架下,低权力感个体的风险偏好水平不稳定,受自身权力动机的影响;而高权力感个体的风险偏好水平则相对稳定。

Rucker, Galinsky 和 Dubois(2012)指出,权力对思想和行为的影响可以由心理需求(由状态引起的特定动机或欲望)决定,例如,缺乏权力时会产生追求权力的需要。与高权力感个体不同,对低权力感个体而言,权力动机增强了风险偏好水平:低权力感个体在高权力动机时更冒险,在低权力动机时更保守。低权力者不担心因为风险决策带来的最坏后果,对他们而言,即便失败,也只是失去了原来较少的资源,而一旦成功却可以获得更多资源。因此,当低权力个体具有高权力动机时,强烈地希望拥有权力的动机会使其行为变得特别冒险。而对于高权力个体,相较于低权力个体,无论其自身权力动机如何变化,在收益框架下的风险偏好水平一直较高。究其原因,伴随着权力而来的地位提高和资源增多,高权力感个体的自我内容得以丰富,自我边界得以扩展,自我力量感得以增强,动机、认知、情绪及行为上潜在的能量得以释放(孙倩,龙长权,王修欣,刘永芳,2019),其权力动机已得到满足(Maner et al.,2007),因此,权力动机水平不足以左右其风险偏好水平。

(4) 在低权力感组,收益框架中,高权力动机的冒险得分($M=.38$, $SD=.36$)与低权力动机的冒险得分($M=.09$, $SD=.14$)差异显著,权力动机增强了两者的关系。在损失框架中,高权力动机的冒险得分($M=.82$, $SD=.18$)与低权力动机的冒险得分($M=.49$, $SD=.23$)差异显著,权力动机同样增强了两者的关系。所以验证了假设 H2b:无论收益框架还是损失框架,权力动机都增强了权力感与风险偏好之间的关系,即拥有高权力动机倾向的个体,其权力感知与风险偏好之间的关系会更加明显。

值得注意的是,本研究并未重复出 Hirmer 等(2012)"低权力者的风险偏好水平不受权力动机的影响"的结果。原因有二:其一,被试群体不同。Hirmer 等(2012)以大学生为被试,本研究被试样本来自有实际领导经验的管理者,相比大学生,可能对高权力的体验比低权力更加贴近日常工作经验,因此导致了低权力者的风险偏好水平在收益框架下也受到了权力动机的影响。其二,研究范式不同。Hirmer 等(2012)采用模拟吹气球范式衡量风险偏好,不够贴近生活场景,而本研究所采用的情境均为被试群体的常见情境,生态效度更好。

第三节 得失框架下权力感对风险决策的影响:权力稳定性的调节作用

人类行为是内外因素综合作用的结果,当权力环境出现变化和不稳定之时,人们的冒险行为也就因此改变。实验 4 从内部因素探讨引起权力感和风险偏好关系变化的调节作用,实验 5 则从外部因素探讨引起权力感和风险偏好关系变化的调节作用。本实验将操纵权力感和权力稳定性,考察高低权力者在权力稳定性变化的情况下风险偏好的变化。

一、研究方法

1. 被试

从某党校培训班中随机抽取 111 位被试,其中男 60 人,女 51 人,其中科级干部 33 人,处级 25 人,局级 1 人,平均年龄 39.87 岁,标准差为 5.467。所有被试均未参加过类似实验。

2. 实验设计

采用 2(框架类型:得/失)×2(权力感:高/低)×2(权力稳定性:稳定/不稳定)混合设计。其中,框架类型为被试内变量,权力感和权力稳定性为被试间变量。因变量是风险决策问卷上的冒险得分。

3. 实验材料

(1) 权力感启动和启动操作检验

同实验 4。

(2) 领导力测评材料

采用 CPM 领导行为评价量表,共 15 题,包括目标达成、团体维系、个人品德三个维度,为 7 点自评量表,从 1(完全不符合)到 7(完全符合),如下表 6.5 所示。由于此领导力测评只是为权力稳定性启动所用,和被试真实的领导力水平无关,因此不做数据分析。

表 6.5 CPM 领导行为评价量表

条 目	完全不符合						完全符合
1. 我能在工作中能提出独创性的主意和计划。	1	2	3	4	5	6	7
2. 当情况发生变化时,我能灵活地采取应变措施。	1	2	3	4	5	6	7
3. 当需要作出决策时,我敢于拍板。	1	2	3	4	5	6	7
4. 我严格对待完成任务的期限。	1	2	3	4	5	6	7
5. 当下级工作中面临困难时,我能有效地指导。	1	2	3	4	5	6	7
6. 我能客观地评价下属的工作成果。	1	2	3	4	5	6	7
7. 当工作出了问题时,我对下级没有不恰当的责备。	1	2	3	4	5	6	7
8. 我能体谅部下工作中的难处,并在可能范围内给予考虑。	1	2	3	4	5	6	7
9. 我能公平地对待下级。	1	2	3	4	5	6	7

(续表)

条　　目	完全不符合						完全符合
10. 我对部下的工作能给予支持。	1	2	3	4	5	6	7
11. 我不给人穿小鞋,不搞打击报复。	1	2	3	4	5	6	7
12. 我能任人唯贤,不嫉贤妒能。	1	2	3	4	5	6	7
13. 我能先人之苦,后人之乐。	1	2	3	4	5	6	7
14. 我能克己奉公,把单位利益置于个人利益之上。	1	2	3	4	5	6	7
15. 我不搞宗派主义。	1	2	3	4	5	6	7

(3) 权力稳定性启动

权力稳定组启动指导语如下:根据您(你)的领导力测试结果,您(你)在小组中担任的角色是稳定的、不可改变的,与您在活动过程中的表现和业绩没有任何关联。

权力不稳定组启动指导语分成两个版本,即高权力的不稳定版本和低权力的不稳定版本,对于高权力者的权力不稳定启动的指导语为:根据您的领导力测试结果,您的角色是不稳定的、可改变的,由您在活动过程中展现的决策水平和业绩决定,您现在担任领导角色,但是一旦在活动过程中表现出决策水平低下、业绩不良,就会被降职到"下属"的角色。

对于低权力者的权力不稳定启动的指导语为:根据你的领导力测试结果,你现在担任的角色是不稳定的、可改变的,由你在活动过程中展现的决策水平和业绩决定,你现在担任下属角色,如果你一旦在活动过程中表现出决策水平较高、业绩较好,就会被升职至"领导"角色。

无论在权力稳定还是不稳定条件下的被试都相信,他们的角色是否稳定是跟自身能力有关的,当权力稳定时,高权力者具备一定实力,低权力者的能力可能欠佳,所以他们的身份不会受到任何影响。当权力不稳定时,被试相信层级的改变是可能的,他们的表现会影响权力的水平。被分配到领导者的被试担心会降职,而被分配到下属的被试则感到有升职的机会。

(4) 因变量

因为在研究一里因变量始终采用了同一个风险测量问卷,为了防止同一个问卷带来的偏差,本实验中变换了因变量的评定的操作方式,以验证因变量的有效性。

在收益框架中,采用的决策题目如下:

假如你是一家大型国企的副总裁。公司最近遭遇了一连串经济危机,有三个下属工厂面临关闭,6 000 个员工要失业。现在有两种决策方案可供选择。作为副总裁,您会如何抉择以更好地避免危机:

方案 A,能确保挽救三个工厂中的一个和 2 000 个工作岗位。

方案 B,有 1/3 的可能性会挽救三个工厂和 6 000 个工作,但是也有 2/3 的可能性会连一个工厂和一个工作岗位都不能挽救。

在损失框架中,采用的决策题目如下:

假如你是一家大型国企的副总裁。公司最近遭遇了一连串经济危机,有三个下属工厂面临关闭,6 000 个员工要失业。现在有两种决策方案可供选择。作为副总裁,您会如何抉择以更好地避免危机:

方案 A,会导致两个工厂关闭和失去 4 000 个工作岗位。

方案 B,有 1/3 的可能性不会关闭工厂和失去工作,但也有 2/3 的可能性会导致三个下属工厂关闭和失去 6 000 个工作岗位。

4. 实验程序

所有被试均上机完成测试。

(1) 输入个人信息。个人信息包括性别、年龄、学历、行政级别等。

(2) 对被试进行权力感的启动和启动的操作检验。

(3) 领导力测评。首先请大家阅读指导语:刚才已经对大家分配了"领导"和"下属"的角色,等会儿"领导"和"下属"要组合成一个小组来完成一项任务,在任务过程中,"领导"和"下属"的角色是否有变化要根据接下来的领导力测评结果来决定。此次采用的领导力测评是一个权威的测评工具,包括 15 个题目,请大家先完成这个在线的领导力测评。阅读完指导语,就开始进入领导力测评环节,电脑每次显示一道题目,请大家进行 7 点评分。

(4) 权力稳定性启动和权力稳定性的操作检验。领导力测评结束以后,就通过测评反馈的方式进行权力稳定性的启动。等被试阅读完指导语,回答问题"我觉得我这个角色是稳定不变的"。从"完全同意"到"完全不同意"进行 7 点自评。

(5) 被试根据指导语完成风险决策问卷。每个情境内容用一页电脑屏幕显示。实验中 12 个场景随机呈现。

二、结果与分析

1. 权力感和权力稳定性的操作检验

首先,对两组被试的权力感自评得分进行独立样本 t 检验,结果显示,两种条件唤起的被试的权力感得分差异显著:$t = 4.151, p = .000$,进行高权力感启动被试的权力感得分($M=4.25, SD=1.19$)显著高于进行低权力感启动被试的权力感得分($M=3.35, SD=1.09$)权力感启动有效。

其次,对权力稳定和不稳定启动的被试进行独立样本 t 检验,结果显示,权力稳定和不稳定条件唤起的被试的稳定性自我评价得分差异显著:$t = -10.278, p = .000$,权力稳定性启动被试的稳定性得分($M=5.24, SD=.98$)显著高于权力不稳定启动被试的稳定性得分($M=3.68, SD=.82$),权力稳定性/不稳定性启动有效。

2. 各实验条件下的风险偏好

以得失框架、权力感和权力稳定性为自变量,风险决策问卷得分为因变量,进行重复测量方差分析,结果发现,框架类型主效应显著,$F(1, 107) = 31.400, p < 0.001, \eta^2 = .227$;个体在损失框架下($M=.59, SD=.49$)比在收益框架下($M=.33, SD=.47$)的风险偏好得分更高,也就说在损失框架下更冒险。权力感的主效应不显著 $F(1, 107) = .666, p > .05, \eta^2 = .006$。权力稳定性的主效应不显著 $F(1, 107) = .358, p > .05, \eta^2 = .004$。权力感和权力稳定性的交互作用显著 $F(1, 107) = 4.548, p < .05, \eta^2 = .041$。进一步简单效应分析发现,在权力不稳定组,高低权力组间风险偏好存在显著性差异 $F(1, 107) = 4.333, p < .05, \eta^2 = .038$,低权力感被试($M=.56, SD=.5$)比高权力感被试($M=.32, SD=.46$)更冒险。但是在权力稳定组,两者的差异不显著 $F(1, 107) = .869, p > .05, \eta^2 = .008$。

表 6.6 实验 6 各条件下被试冒险得分的平均数和标准差

		高权力		低权力	
		M	SD	M	SD
收益框架	稳定	.36	.49	.32	.48
	不稳定	.21	.42	.44	.51
损失框架	稳定	.72	.46	.55	.51
	不稳定	.43	.50	.67	.48

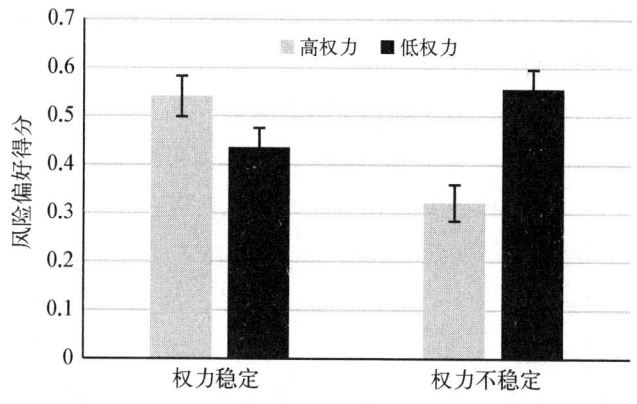

图 6.2 权力感和权力稳定性的交互作用

三、讨论

本实验考察了权力稳定性对权力感和风险决策关系的调节作用,研究结果显示:

(1) 权力稳定性的介入,使得权力感的主效应变得不显著。本实验中,权力感的主效应不显著 $F(1, 107) = .666, p > 0.05, \eta^2 = .006$。高权力感被试的风险偏好得分($M = .43, SD = .48$)与低权力感被试的风险偏好得分($M = .49, SD = .5$)的差异不显著。

(2) 权力稳定性对权力感和风险偏好的关系有调节作用。权力感和权力稳定性的交互作用显著,当权力不稳定时,高低权力组间风险偏好存在显著性差异,$F(1, 107) = 4.333, p < .05, \eta^2 = .038$,具体来看,收益框架下,高权力者偏好保守选项,本实验的风险偏好最低值就出现在收益框架中不稳定的高权力者($M = .21, SD = .42$);而低权力感被试的风险偏好得分比高权力感被试更高($M = .44, SD = .51$),验证了假设 H3a,当高权力者面临失去权力的可能时,会变得更小心翼翼。从理论来看,权力的接近抑制理论(Keltner et al., 2003)认为,权力的不稳定性降低了高权力者的行动自由度,从而导致了其对损失的敏感度。

(3) 当权力不稳定时,损失框架下高权力者比低权力者更偏好风险选项,没有得到实验数据支持($M_{高} = .43, M_{低} = .67$)。高权力者在不稳定时并没有出现为了保持权力采取冒险行为。假设 H3b 没有得到验证。究其原因,可能是在权力不稳定条件下,低权力者受到职位提升的激励要高于高权力者受到职位下降的威胁。低权力者在职位提升的激励下,减小了损失厌恶,做出了更加冒险的行为。

(4) 在权力稳定组,不存在显著性差异:$F(1, 107) = .869$,$p > .05$,$\eta^2 = .008$。具体来看,在收益框架下,高权力者风险偏好得分($M = .36$,$SD = .49$)与低权力者风险偏好得分($M = .32$,$SD = .48$)没有显著差异。在损失框架下,高权力者风险偏好得分($M = .72$,$SD = .46$)与低权力者风险偏好得分($M = .55$,$SD = .51$)差异也不显著。这个实验结果虽然与已有一些研究结果有相左:Anderson 等(2006),Lammers 等(2008)和 Maner 等(2007)研究发现,在权力稳定情境下权力越高越冒险。但是与 Hiemer 等(2012)的研究结果一致:权力稳定情境中,权力感对风险偏好没有显著差异。这部分研究需要通过更多样化的权力稳定性的操纵方式和因变量的评价方式,开展更深入的研究。

第四节 讨 论

本研究通过 2 个实验,探讨了权力动机和权力稳定性对权力感对风险决策影响的调节作用,结果发现:

一、调节变量的影响

权力感对风险决策的影响受人的因素(个体权力动机大小)和情境因素(权力稳定性)调节。通过对这些调节变量的分析,有助于解释已有相关研究结论之间存在的矛盾。已有研究表明,权力有时会导致风险型的决策。在实验 4 中,权力动机水平增强了低权力者的风险偏好,增强其做出风险型决策的倾向。动机水平越高低权力者选择越冒险,动机水平越低低权力者选择越保守。在实验 5 中,对高权力者来说,权力稳定性增强了其接受风险的倾向;而对低权力者却相反,权力的不稳定性恰恰增强了其接受风险的倾向。权力有时也会导致保守型决策。在实验 4 中,权力动机水平削弱了高权力者的风险偏好,动机水平越高高权力者选择越保守,动机水平越低高权力者选择越冒险。在实验 5 中,当高权力者面临权力威胁时,决策更保守。这些发现与之前的理论和证据相一致,认为权力会引发对潜在回报的关注,提高不受控制的可能,激发对风险的接受。但是当权力状态受到一些因素影响时,权力者对潜在损失的感受增加,降低了对风险的接受。

实验结果表明,高权力动机使高权力者做出更加保守的决策,可能是因为对权力动机较高的人而言,获得权力位置是一种积极信号,表明他们对权力的欲望得到满足,因而有动机维持现状。事实上,来自实验 4 的发现意味着,高权力动机的被试表现出的风险厌恶可能反映了维持现状的愿望,也就是某人在团体等级制中的权力位置。该结论也得到已有相关研究的支持,Maner 等(2007)发现,当被试在面临失去权力的可能性变得比较明显,而且他的选择被认为对有能力维持在团体中的权力位置具有意义时,大大增加了在风险决策中对保守选项的偏好。而当被试被告知他们在等级制中的位置相对固定,无论作何选择都不会对他们造成任何影响时,没有证据表明能观察到决策中的保守偏好。

二、权力结构:静态还是动态

实验 5 中,由于权力稳定性的介入,使得权力感主效应出现了不显著的现象,是否可以认为,当权力稳定性改变时,会带来人们原先持有的权力观和权力感受的改变?那么,权力结构应该是个动态结构而非静态结构。如果把权力定义为动态而非静态的结构,就可以对其决策和行为的影响有更加深入的了解。因为当权力与稳定性相关联时,高权力者和低权力者的行为可能会发生转化作用,权力感与稳定性相互作用,产生一种系统的、可预测的风险选择和行为模式,对人们的决策行为产生了一定影响(Jordan, Sivanathan, & Galinsky, 2011)。Jordan 等(2011)在研究也发现了在权力稳定性的关联下,权力感的主效应不显著,权力不稳定的高权力者和稳定的无权者表现出最多的风险行为。与 Jordan 等研究不同的是,本研究中引入了得失框架变量,研究结果发现,稳定的高权力者和不稳定的低权力者在风险决策的损失框架中最冒险。究其原因,可能是因为对高权力者而言,当权力是稳定之时,无论做出何种选择都不会受到权力威胁,加剧了他本来在"失"的时候容易冒险的本性,做出了更加冒险的决策。而对于低权力者来说,在权力不稳定的时候受到了更多的激励,做出了更加冒险的决策。

三、权力稳定性操纵方式的讨论

实验 5 对权力稳定性的操纵方式,实质上反映了对低权力者的激励和对高权力者的惩罚。研究结果显示,当权力稳定性受到威胁,面临惩罚时,无论收益框架还是损失框架,高权力者都不敢再冒险,行为趋向保守。而低权力者面对权力稳定性出现变化,有上升机会,面临激励时,无论收益框架还是损失框架,都增加了冒险的倾向。当人们面对正向激励时,大大激发了权力的接近行为,降低了损失厌恶的敏感性,因此其风险偏好行为得到提高。而当人们面对负性惩罚时,权力的抑制行为增加,提高了损失厌恶的敏感性,因此其风险偏好行为受到影响。那么,当框架类型变化时,是人们权力的变化直接导致风险偏好的影响?还是权力影响了人们的损失厌恶值,从而导致了风险偏好的影响,有待进一步研究证实。

第五节 小 结

第六章旨在探讨得失框架下权力感对风险决策影响的调节变量。通过 2 个实验,本章发现,无论在收益框架还是在损失框架中,权力感对风险决策的影响都受到人的内部因素(如权力动机水平)和情境因素(如权力稳定性状态)的调节。

实验 4 研究发现,对高权力者,权力动机削弱了风险偏好的影响,动机越强越保守,动机越低越冒险;对低权力者,权力动机增强了风险偏好的影响,动机越强越冒险,动机越低越保守。实验 5 发现,对高权力者,权力稳定增加了风险偏好的影响,权力越稳定越冒险,权力越不稳定越保守;对低权力者,权力稳定削弱了风险偏好的影响,权力越稳定越保守,权力越不稳定越冒险。究其原因,对高低权力者来说,权力不稳定的具体内涵是有差异的,一个意味着激励一个意味着损失,这种截然相反的方式改变了人们的权力体验,影响了损失厌恶的感受,也就影响了风险决策的选择。接下来的第七章将探讨权力感影响风险偏好的中介变量。

第七章 得失框架下权力感影响风险决策的中介变量研究

第一节 概 述

第五章研究发现自变量"权力感"和因变量"风险偏好"之间存在因果关系,权力感可直接正向预测风险偏好倾向。但研究并未解释它们存在关系的原因,到底是因为什么原因导致了高权力者更偏爱高风险行为。第六章探讨了权力感影响风险决策的调节变量,两个实验结果表明,无论在收益框架还是在损失框架中,权力感对风险偏好的影响都受到人的内部因素(如权力动机水平)和情境因素(如权力稳定性状态)的调节。在本章中,研究将引入中介变量"损失厌恶",通过中介变量揭开自变量"权力感"和因变量"风险偏好"之间产生关系的黑箱,阐明其作用机制,不同权力状态的个体的损失厌恶是否存在差异?这种差异是否会中介权力感对风险偏好的影响?权力感对风险偏好的预测是否可以通过损失厌恶的中介作用进行?

本章包括两个实验。实验6为预实验,主要探讨权力感与损失厌恶之间的关系,为实验7的中介作用分析奠定基础。实验6采用特质权力感测量(GSPS;Anderson,2005)作为高低权力区分的依据,损失厌恶实验问卷参考 Inesi(2010)测量方法。实验7操纵权力感高低,确定高权力和低权力两组被试,损失厌恶实验问卷参考 Harinck 等(2007)的方法。

该部分待检验的假设:

H4a:权力感和损失厌恶呈现负相关。

H4b:损失厌恶在权力感和风险决策之间起着中介作用。

本章理论模型：

图 7.1　第七章的理论模型

第二节　预实验：权力感与损失厌恶的关系

本实验旨在探讨权力感和损失厌恶的关系，为接下来的中介作用分析奠定基础。

一、研究方法

1. 被试

从某党校培训班中随机抽取 160 位被试，其中男 96 人，女 64 人，处级 58 人，科级 101 人，有 1 人未填行政级别，平均年龄 42.76 岁，标准差为 7.4。所有被试均未参加类似实验。

2. 实验设计

采用单因素（高权力感/低权力感）被试间设计。

3. 实验材料

实验材料为自编调查问卷，包含指导语、特质权力感问卷、损失厌恶实验问卷和基本资料四个部分。

其中，特质权力感问卷采用 Anderson（2005）等人权力感知综合量表（Generalized Sense of Power Scale，GSPS）。

损失厌恶实验问卷参考 Inesi（2010）实验设计方法，本实验损失厌恶实验问卷 a 为：作为本次调查的报酬，参与者中有 5 人会抽奖获得价值 250 元的 A 超市购物券，并且其中部分获奖者将有改变报酬的机会。假如您是获奖者之一，并且获得了改变报酬的机会，您会怎么做？（请在相应的选项后面打"√"或画圈）

(1) 继续保有当前的 250 元 A 超市购物券；

(2) 换成 400 元 A 超市购物券；

(3) 换成 400 元 B 超市购物券。

损失厌恶实验问卷 b 为：作为本次调查的报酬，参与者中有 5 人会抽奖获得价值 250 元的 B 超市购物券，并且其中部分获奖者将有改变报酬的机会。假如您是获奖者之一，并且获得了改变报酬的机会，您会怎么做？（请在相应的选项后面打"√"或画圈）

(1) 继续保有当前的 250 元 B 超市购物券；

(2) 换成 400 元 B 超市购物券；

(3) 换成 400 元 A 超市购物券。

假设损失厌恶存在，抽到 A 超市购物券或 B 超市购物券的被试在面临改变报酬机会的时候，更会倾向于选择高价值的当初持有的同类购物券。钟毅平等(2013)曾以大学生为被试，验证在没有权力因素的影响下，被试更倾向于调换高价值同类消费券。

4. 实验程序

本实验以在党校培训的学员为被试，遵循自愿原则，利用培训课程中间休息时间实施。首先听取主试讲解指导语，接着采用集体作答笔试的方式，每个被试独立完成问卷，问卷包括特质权力感问卷、损失厌恶问卷(a、b)和个人信息三个部分。损失厌恶问卷 a 和 b 的发放人数得到了平衡。整个过程大致持续 10 分钟。

二、结果与分析

1. 高低权力感组的划分

按照 GSPS 权力感综合量表的评分标准，每道题 1—7 计分，其中 2、4、6、7 题，反向计分。分值越高，表示权力感越高。对被试的权力感得分进行 K-S 检验，显著性水平 $p=.648 > .05$，$Z=.737$。根据 K-S 检验结果，所有被试的权力感得分服从正态分布。

将权力感得分前 27% 的被试定义为高权力感组，将权力感得分后 27% 的被试定义为低权力感组。采用方差分析检验，发现权力感水平为高、低两组被试的 GSPS 量表得分有极其显著的差异 $t(90)=27.231$，$p<.001$，高权力感组得分($M=5.62$, $SD=.31$)比低权力感组得分($M=3.73$, $SD=.36$)更高，表明

对权力感水平的划分是有效的。

2. 不同权力状态被试更换购物券的情况

不同权力感状态下被试改变购物券的情况及百分比见表7.1所示。

表7.1 不同权力感状态下被试改变的情况及百分比

	高权力感(47)			低权力感(45)		
	无	高价值同类	高价值非同类	无	高价值同类	高价值非同类
A	2	13	13	6	11	4
B	4	8	7	6	14	4
总计	6	21	20	12	25	8
%	13	45	42	26	56	18

92名被试中只有18名被试拒绝改变价值更高的购物券,在选择改变购物券的被试中,高权力感被试有42%选择更换高价值非同类购物券,而低权力感被试只有18%选择更换高价值非同类购物券,卡方检验表明,权力感对决策的损失厌恶具有显著作用,$\chi^2(1, n=92)=4.681, p=.031$,高权力感比低权力感的被试倾向更换不同类消费券的差异达到显著水平,说明高权力感被试有较少损失厌恶。

三、讨论

本实验考察了权力感和损失厌恶的关系,研究结果显示:

高权力感被试更换高价值非同类购物券的比例与低权力感被试更换高价值非同类购物券的比例差异显著,有更高比例的高权力感被试选择了更换高价值非同类购物券,说明高权力感被试的损失厌恶比低权力感被试的损失厌恶要小。正是因为在不同损失厌恶大小的影响下,高低权力感被试的决策出现了不同的倾向,低权力感被试表现出更多的安于现状偏差。实验结果验证了假设H4a,而且也到了以往研究结果支持。Inesi(2010)研究发现权力感降低了损失厌恶程度。中国学者钟毅平等(2013)以大学生为被试,采取问卷的方式,探讨了权力感对损失厌恶倾向的影响。研究发现,与低权力感被试相比,高权力感被试具有较少的损失厌恶,进一步研究发现,高权力感者降低了对损失的价值估计,从而导致损失厌恶的减少。

面对同样能改变的情况,高权力感个体和低权力感个体却出现迥然不同的选择。Higgins(1997)提出的调节聚焦理论(Regulatory-Focus Theory,RFT)认为,人类有积极追求达到目标的促进聚焦和防止错误实现目标的防御聚焦两大策略,不同情况使用不同策略。Polman(2012)发现,当为他人决策时常常采用促进聚焦策略,为自己决策则使用预防聚焦策略。按照社会距离理论,为他人决策时心理距离较大,而为自己决策的心理距离较近,同样,高权力者的心理距离较远,而低权力者的心理距离较近,从这个角度分析,推测高权力者采用的是促进聚焦策略,而低权力者采用的是预防聚焦策略。已有研究显示,促进聚焦策略与损失厌恶相关更少,预防聚焦策略与损失厌恶相关更大。例如,Idson,Liberman和Higgins(2000)研究发现,被试在预防定向条件下比促进定向条件下,对损失的体验更敏感。实验证实了高低权力个体损失厌恶差异存在的事实。这为接下来探究损失厌恶对权力感和风险决策影响的中介作用奠定了良好基础。

第三节 得失框架下权力感对风险决策的影响:损失厌恶的中介作用

实验6虽然验证了权力感和损失厌恶的关系,但是对于权力感究竟如何通过损失厌恶作用影响风险决策的关系却没有分析。实验7将运用权力感启动方法,探究损失厌恶在权力感和风险决策关系中的中介作用。

一、研究方法

1. 被试

从某党校培训班中随机抽取200位被试,获得有效数据185位,其中男128人,女52人,5人未填性别,其中处级及以上63人,科级及以下115人,另有7人没有填写行政级别,平均年龄40.69岁,标准差为8.413。所有被试均未参加过类似实验。

2. 实验设计

采用2(框架类型:得/失)×2(权力感:高/低)混合设计。其中,框架类型为被试内变量,权力感高低为被试间变量。中介变量为损失厌恶。因变量是风险决策问卷上的冒险得分。

3. 实验材料

(1)权力感启动材料。高低权力感启动采用指导语＋组织结构图的方式,不仅在指导语中对两者的角色和资源描述不同,而且用的代词也不同,高权力者为"您",而低权力者为"你"。具体如下,对于高权力被试的指导语为:假如,今天您和您所在的小组成员将要完成一项任务,您在本次任务中的角色定位是小组领导,您掌握比较多且重要的资源和权力,由您指导小组成员完成任务,控制整个小组活动节奏,推动小组活动进程,不受他人影响。

对于低权力感被试的指导语为:假如,今天你和你所在的小组成员将要完成一项任务,你在本次任务中的角色定位是普通小组成员。你的权力较小资源较少,受小组领导指导和控制。你需要将任务完成进展和决策结果及时向小组领导汇报,接受小组领导的评估和考核。

并且在指导语的右侧附上一张三层的组织结构图,标明"领导"居于整个结构图的最上层,下属居于整个结构图的最下层。79名被试被启动为低权力者,83名被试被启动为高权力者。

(2)权力感启动操作检验

对权力感启动的操作检验,主要是通过被试回答以下两个问题:"该角色分配让我觉得我有指导和影响其他人的能力""该角色分配让我觉得我有不受其他人控制和影响的能力"。从"完全正确"到"完全不正确"进行7点自评。

(3)损失厌恶测试材料。损失厌恶实验问卷参照经典损失厌恶实验,具体参考 Harinck 等(2007)的做法。首先呈现指导语:你们将参与一个抛硬币的活动,由你代表本组抛,如果你抛的硬币正面朝上,你将会赢得一笔钱;如果反面朝上,你将会损失一笔钱。请描述一下当你赢得或损失金钱时的心情。采用9点评分,$-9—0$ 表示不愉快,$0—9$ 表示愉快,数字大小表示愉快/不愉快的程度,"-9"表示"非常不愉快","9"表示"非常愉快"。

(4)因变量采用预实验的风险决策问卷。

4. 实验程序

(1)本实验以在党校培训的学员为被试,遵循自愿原则,利用培训课程中间休息时间实施。首先听取主试讲解指导语,接着采用集体作答笔试的方式,每个被试独立完成问卷,问卷包括权力感启动、损失厌恶问卷、风险决策问卷和个人信息四个部分。问卷中平衡了被试接受收益框架问题、损失框架问题和损失厌恶问卷中赢钱和输钱的呈现顺序。即四分之一被试呈现的风险决策问卷的"得失"框架为先"收益框架"后"损失框架",损失厌恶问卷为先"赢钱"后"输钱";四分之一被试呈现的风险决策问卷的"得失"情境为先"收益框架"后"损失框架",损失厌恶问卷为先"输钱"后"赢钱";四分之一被试呈现的风险决策问卷的"得失"框架为先"损失框架"后"收益框架",失厌恶问卷为先"赢钱"后"输钱";四分之一被试呈现的风险决策问卷的"得失"框架为先"损失框架"后"收益框架",损失厌恶问卷为先"输钱"后"赢钱"。整个过程大致持续 25 分钟时间。

(2) 权力感启动和检验。

(3) 损失厌恶测试。为了避免顺序效应和锚定效应,用四种方式呈现①。结果显示,顺序没有影响结果,所以,顺序没有进入分析。

(4) 风险偏好测量。

(5) 个人信息收集。

二、结果与分析

1. 权力感启动的操作检验

检验权力感启动的操作是否有效。权力感启动后,要求被试对权力心理感受的两个问题给予评分(从 1 完全不正确到 7 完全正确):"该角色分配让我觉得我有指导和影响其他人的能力""该角色分配让我觉得我有不受其他人控制和影响的能力"。对两组被试的得分进行独立样本 t 检验,结果如表 7.2 所示。两种条件唤起的被试的权力感受得分差异显著:$t = -8.378$,$p = .000$,高权力感启动被试的权力感得分($M = 4.89$,$SD = .98$)显著高于低权力感启动被试的权力感得分($M = 3.41$,$SD = 1.19$),权力感启动有效。

---

① 以下方式呈现:(a)赢 200,500,1 000,3 000,5 000,失 200,500,1 000,3 000,5 000;(b)赢 5 000,3 000,1 000,500,200,失 5 000,3 000,1 000,500,200;(c)失 200,500,1 000,3 000,5 000,赢 200,500,1 000,3 000,5 000;失 5 000,3 000,1 000,500,200,赢 5 000,3 000,1 000,500,200。

表 7.2　权力感启动效果检验结果表

权力感	N	M	SD	t	p
高	83	4.89	.98	−8.378	.000
低	79	3.41	1.19		

2. 权力感和得失框架对风险决策的影响

以得失框架、权力感为自变量,风险决策问卷得分为因变量,进行重复测量方差分析,结果发现,框架类型主效应显著,$F(1, 160) = 482.255$,$p < .001$,$\eta^2 = .751$;个体在损失框架下($M = .74$,$SD = .25$)比在收益框架下($M = .22$,$SD = .25$)的风险偏好得分更高,即在损失框架下更冒险。权力感主效应显著,$F(1, 160) = 114.188$,$p < .001$,$\eta^2 = .416$。权力感和得失框架的交互作用不显著 $F(1, 160) = 2.124$,$p > .05$,$\eta^2 = .013$)。

3. 高低权力者的损失厌恶值比较

参考 Harinck 等(2007)计算损失厌恶的方法,确定损失厌恶计算公式为:5 种损失框架的情绪评价均分/5 种收益框架的情绪评价均分。通过独立样本 t 检验,发现高低权力个体的损失厌恶差异显著,高权力感个体得分($M = .97$,$SD = .83$)显著小于低权力感个体($M = 1.67$,$SD = .49$):$t = 6.579$,$p < .001$。

表 7.3　高低权力感的损失厌恶差异比较

权力感	N	M	SD	t	p
高	83	.97	.83	6.579	.000
低	79	1.67	.49		

4. 损失厌恶的中介作用检验

采用 Preacher 和 Hayes(2004)以及 Hayes(2013)提出的 Bootstrap 方法进行中介效应分析。具体操作选用 Preacher 等开发的应用于 SPSS 的 Bootstrap 程序插件,设定样本量为 5 000,取样方法为偏差校正的非参数百分位法,置信区间为 95%。

以权力感大小为预测变量,风险偏好为结果变量,损失厌恶为中介变量,进行中介效应检验。结果发现:在收益框架下,损失厌恶的中介检验结果不包含0(LLCI=.027 9,ULCI=.099 4),即损失厌恶的中介效应显著,中介效应大小为.059 7。损失厌恶在权力感水平和风险偏好间起部分中介作用(图7.2)。在损失框架下,损失厌恶的中介检验结果不包含0(LLCI=.026 2,ULCI=.104 0),即损失厌恶的中介效应显著,中介效应大小为.058 7。损失厌恶在权力感水平和风险偏好间起部分中介作用(图7.3)。

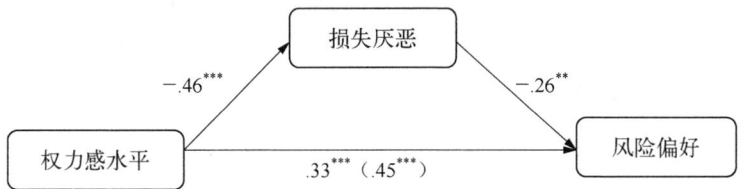

图7.2 权力感水平、损失厌恶和风险偏好在收益框架下的路径分析
注:$^{**}p<.01$,$^{***}p<.001$。

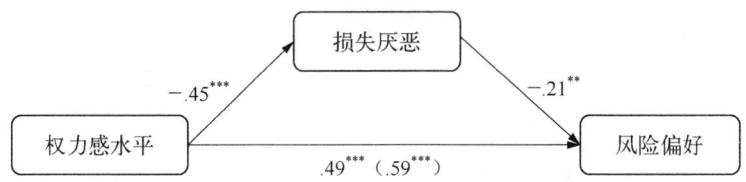

图7.3 权力感水平、损失厌恶和风险偏好在损失框架下的路径分析
注:$^{**}p<.01$,$^{***}p<.001$。

三、讨论

本实验考察了得失框架中,损失厌恶对权力感影响风险决策的中介作用。研究结果显示:

收益框架中,损失厌恶在权力感水平与风险偏好间起部分中介作用。以权力感为自变量,风险偏好为因变量,损失厌恶为中介变量,进行中介效应分析。结果发现:① 在收益框架中,权力感可以显著预测风险偏好($\beta=.45^{***}$),权力感水平越高越冒险;② 权力感可以负向显著预测损失厌恶($\beta=-.46^{***}$),权力感越高,损失厌恶越小;③ 将损失厌恶引入权力感和风险偏好的关系时,损失厌恶可以负向显著预测风险偏好($\beta=-.26^{**}$),同时权力感的影响效应被削弱但仍然显著($\beta=.33^{**}$)。因此,收益框架下,损失厌恶在权力感与风险偏好间起部分中介作用(图7.2)。这个实验结果验证了研究假设。

损失框架中,损失厌恶在权力感与风险偏好间起部分中介作用。以权力感为自变量,风险偏好为因变量,损失厌恶为中介变量,进行中介效应分析。结果发现:① 在损失框架中,权力感可以显著预测风险偏好($\beta=.59***$),权力感越高越冒险;② 权力感可以负向显著预测损失厌恶($\beta=-.45***$),权力感越高,损失厌恶越小;③ 将损失厌恶引入权力感和风险偏好的关系时,损失厌恶可以显著预测风险偏好($\beta=-.21**$),同时权力感的影响效应被削弱但仍然显著($\beta=.49***$)。因此,损失框架下,损失厌恶在权力感与风险偏好间起部分中介作用(见图 7.3)。

以上研究结果验证了假设 H4b,损失厌恶在权力感水平和风险偏好中起着中介作用。Beisswanger 等人(2003)、Stone 等(2008)和 Polman(2012)关于自我—他人决策差异研究中发现,由于为自己决策时存在更强烈的损失厌恶,所以为他人决策比为自我决策表现出更高的风险偏好。中国学者谢科范等(2006)研究发现,由于高职位的决策者比低职位的决策者有更少的损失厌恶倾向,所以当对同一个问题进行决策时,高职位的决策者表现出比低职位的决策者表现出更低的保守倾向。

第四节 讨 论

一、损失厌恶作为中介变量

中介变量是指用来说明自变量是如何通过它来影响因变量的变量,一般会通过考察三个变量之间的关系来检验中介变量的效应和作用。如果自变量与因变量之间的相关显著,自变量与中介变量的相关也显著,而且自变量与因变量之间的相关或者回归系数因为加入中介变量而变得显著降低,就可以认为中介效应较为明显,一旦当该系数降低到 0 时,则称为完全中介作用(Baron & Kenny, 1986)。

研究一和研究二已经证实权力感(自变量)和风险偏好(因变量)之间的显著关系。研究三首先通过实验 6,探讨了首先探讨了权力感(自变量)与损失厌恶(中介变量)之间的相关,结果显示,权力感与损失厌恶存在显著负相关,高权力感个体表现出更低的损失厌恶,低权力感被试表现出更高的损失厌恶。实验 7 进一步检验权力感与风险偏好之间的关系是否因为加入损失厌恶而出现变化。结果发现,无论在收益框架还是损失框架下,权力感与风险偏好之间的回归系数 β 值都因为加入损失厌恶而变得降低,证实了损失厌恶对权力感影响风险偏好的中介作用。

二、高低权力者损失厌恶差异的原因分析

虽然说,个体面对损失引起的消极心理感受要远远大于收益引起的积极心理感受,但是,不同权力感状态的个体的心理感受会有差异。当个体处于高权力状态和低权力状态时,对收益和损失的价值感知会发生变化,从某种方面来说,权力感虽然不能改变决策选项的客观属性,但是可能影响个体对决策选项的价值估计,即不同权力状态个体的选择差异不是源于对每个选项的精确利弊分析,而是对收益和损失的价值估计的差异而致,这个差异主要表现在损失厌恶上。当个体高估收益价值而低估损失价值的时候,个体的消极感受就会降低,也即损失厌恶会减少。损失厌恶意味着在涉及损失和收益的选择时会规避风险,这是由于收益和损失的效用曲线的斜率有差异。因此,如果权力拥有者的损失厌恶程度更低,在损失的情境下也会规避风险。

三、中介效应分析

通过实验 7 对损失厌恶的中介效应分析发现,收益框架和损失框架中,损失厌恶对权力感和风险偏好的中介作用都得到了验证,但都为部分中介。对该结果,主要从以下几个方面来进行解释。

首先,在损失厌恶问卷测试中,发现高权力者对负面结果的感受比低权力者更低,因此在其选择中风险厌恶程度会下降,正是因为高权力者的损失厌恶降低,恰恰提高了其风险承受力。而低权力者的损失厌恶增强,提高了对预期损失的估计,降低了风险承受力。

其次,可能存在其他的中介变量。已有的文献表明,有权的人比其他人更容易冒险,因为他们对实现积极成果并避免负面结果的可能性更为乐观(Anderson & Galinsky, 2006)。今后的研究应该同时从正—反两条通道研究的双重作用。

第五节 小 结

第七章旨在探讨得失框架下权力感对风险决策影响的中介变量。通过2个实验,本章发现,权力感对风险决策的影响,无论在收益框架中,还是在损失框架中,损失厌恶都起到了部分中介作用。

实验6研究发现,权力感与损失厌恶呈负相关,权力感越高,损失厌恶越小。实验7研究发现,得失框架中,损失厌恶在权力感水平与风险偏好间都起到了部分中介作用。

第八章 结论与展望

第一节 总讨论

一、权力感与风险决策的关系探讨

1. 权力感越高越冒险?

本研究通过多种权力感测量和操纵的方式,考察了得失框架下权力感与风险决策的关系。首先,通过多种方式都验证了权力感与风险决策的正向影响的关系,即高权力感导致冒险,低权力感取向保守。这个研究结论证实了假设 H1。证实了权力感与风险决策行为呈正相关的相关论断。

究其原因,研究认为权力感到底导致冒险还是保守跟冒的"险"是什么内容关系非常密切。"小富则安""穷则思变"等刻板认知其实表达了人们的冒险观:越是无产者越容易冒险。但是还看到一些情境是"位高权重为所欲为"与"位卑权轻小心谨慎"的对立,这里感知到的冒险观是:越是高权者越冒险。为什么会出现这样两种截然不同的现象呢?研究认为,当个体面对的是正面的风险,例如要想出更好的业绩,追求更多的利润,研发更创新的技术,开发更前沿的产品等,高权力者会比低权力者更冒险,因为高权力者有更强的控制感,更少的损失厌恶;但是当个体面对的是负面的风险,例如作弊、偷窃等行为,无权者会比高权力者更冒险,因为无权者冒险失去的代价更小损失更少。在本研究中采用的是工作情境中的风险问题,更多涉及的是工作情境中争取更多的效益、更好地用人、更佳地树立组织形象等正面风险情境,此时得出的研究结论是高权力者更冒险。综上所述,研究认为个体冒险—保守的选择权衡,是各种综合因素影响和作用的最终结果。

但是,权力感影响风险决策的主效应也并不都是显著的,在实验 5 中,由于权力稳定性的介入,使得权力感主效应出现了不显著的现象,这也是在本研究系列实验中唯一一个没有出现权力感主效应的实验。因此本研究认为,人们的权力感受不是静态的一成不变的,而是在不同情境中权力感会出现变化和波动。特别明显的是,当权力稳定性改变时,人们的权力感出现了变化,高权力者的稳定性更加促进和提升了权力感,以至于当权力稳定的时候,高权力者不惧怕"失"的特征更为鲜明,在损失框架中变得更为冒险。

2. 得失框架对风险决策的影响

权衡得失利弊,是决策的核心。"事无全利,亦无全害",因此需要人们权衡利弊,择善而从。众所周知,"得失"框架是影响人们决策的重要因素,现实生活中人们不仅需要面对"两利取其重"的决策任务,而且还要面对"两害取其轻"的决策任务,因此,我们在本研究的实验中都引入了得失框架变量,比较了得失框架下高权力被试和低权力被试风险偏好的差异。通过研究验证了得失框架对风险决策影响的规律。

本研究的 6 个实验均发现了框架类型的主效应,也就是说无论是高权力感被试还是低权力感被试,个体在损失框架时的风险决策中会比收益框架的风险决策中更冒险,证实了人们在面临收益框架时小心翼翼、见好就收,而在面临损失框架时铤而走险、甘冒风险的普遍心理状态。我们常常说"利取其重、害取其轻",在现实决策过程中其实就是在比较利弊得失,如果利大于弊,就选择;反之,如果弊大于利,就放弃。墨子曾告诫世人:"利之中取大,害之中取小",也就是我们常常提及的"两利相权取其重,两害相权取其轻"。

3. 主观权力感与客观权力之间的关系探讨

在一个组织中,客观权力和主观权力感并不总是一一对应的,经常会出现职位与权力失衡的状态:例如基层低职位个体拥有较大的权力具有较高的主观权力感,而高职位因缺乏实质权力而具有较低的权力感。例如虽然组织赋予员工较高的客观权力,但由于员工更高的权力动机或者认知误差等原因而感到权力不足等情况,对组织而言,会出现何种结果呢?

在本研究中,实验 2 发现,当职位和权力错位时的风险偏好出现了与匹配时不一样的结果。研究表明,当高职位低权力被试在损失框架下是最冒险的,风险偏好得分最高($M = .91$,$SD = .13$);低职位高权力($M = .42$,$SD = .35$)在收益框架下比高职位低权力($M = .36$,$SD = .28$)更冒险。职位与权力不匹配利弊如何呢?研究表明,当较低职位的被试拥有过高的权力时,极有可能因此做出逾越岗位职责的行动,甚至对组织造成消极的影响,包括出现高风险又或是非伦理的行为(Maner et al.,2007)。国内也有相关研究支持 Maner 等的研究观点,许磊(2015)通过田野调研考察了领导者权力与自私行为关系研究,结果发现,当地位与权力不匹配之时,例如基层地位较低的领导者却拥有实际大权时,更容易出现自私行为。特别是那些手握大权但却身居低位的领导者,当他们在实际工作中缺乏必要的监督时,特别容易采取自私行为,而当地位与权力匹配时,却没有出现明显的自私行为。

但是,低职位拥有高权力也有积极的一面。段锦云等(2013)研究发现,当基层员工体会到较高的权力感时,他们的自我效能、工作自主性和对周围环境的控制感都会提高,而且更加积极的一面体现在这样的员工会做出更多的自身角色职责之外的有利于组织发展的行为和周边绩效,也有更多的有利于组织的谏言行为。相反,当员工的权力感较低时,可能会产生更多的回避行为。

综上所述,职位与权力匹配与否是现实生活中不容小视的客观现象,尤其是随着矩阵式组织、柔性化团队等扁平化组织越来越成为组织发展的方向,组织中的层级和管理岗位趋于减少,自主管理、自我领导等以员工为中心的工作方式逐渐涌现,缩小了组织成员之间客观权力的差距。在此背景下,客观权力较小的基层员工也能在自主工作的过程中体验到充分的权力,职位与权力的失配错位的现象将更加普遍(罗文豪,陈佳颖,王尧,2020)。这种匹配与否的状态(比如两者匹配、客观权力过高、主观权力感过高等不匹配情况)对于个体以及组织的影响值得更为深入的探讨和研究。

二、权力动机和权力稳定性的调节作用探讨

1. 权力动机水平:削弱还是增强了风险偏好?

本研究的第二个研究重点是探讨在调节变量影响下,权力感在得失框架下对风险偏好影响的变化。研究表明,无论在收益框架还是损失框架下,权力感对风险偏好的影响受人的因素(权力动机大小)和情境因素(权力稳定性)调节。通过对调节因素的分析,可以把权力感影响风险偏好的本质看得更为清晰。从权力动机水平来看,在收益框架下,权力动机水平削弱了高权力者的风险偏好,高权力动机使高权力者做出更加保守的决策。对权力

动机较高的人而言,获得权力位置是一种积极信号,表明他们对权力的欲望得到满足,因而有动机维持现状。而在损失框架下,高权力者的风险偏好不受权力动机影响,无论动机高低,都趋向更冒险的选项。表明面对"失"的情境,高权力者都想通过"搏一把"来维持权力。

相反,权力动机水平却增强了低权力者的风险偏好,无论收益框架还是损失框架,低权力者一旦具有高权力动机水平时就更冒险,这个结果与Hirmer等(2012)关于"无权者的风险行为更多由情境而非权力动机驱动"的研究结果不一致,在本研究中,低权力者的风险偏好受到权力动机水平的调节。究其原因,可能与本研究的被试群体有关,而且低权力者与无权者应该也存在一定差异,今后的研究可以进一步探讨低权力者与无权力者之间的差异。

此外,已有研究(McClelland,1970)将权力动机分为个人化权力动机和社会化权力动机两大类。个人化权力动机立足自身需求,表现自我,满足欲望;而社会化权力动机立足社会需求,强化对社会公益和人民福祉的使命感。已有研究通过模拟古巴导弹危机研究发现,两种权力动机对人们行为的影响明显,具有个人化权力动机的被试不仅较少考虑困境,而且使冲突升级,而具有社会化权力动机的被试则会积极开发具有社会价值的新产品。因此,不同类型的权力动机是否会对风险决策是否产生不同影响和作用值得进一步思考,相比个人化权力动机,社会化权力动机应该在达成组织目标方面的冒风险行为起到更大作用。将来的研究可以进一步考察个人化权力动机和社会化权力动机两种不同权力动机风险决策中的调节作用。

2. 权力稳定性:削弱还是增强了风险偏好?

从权力稳定性来看,对高权力者来说,权力稳定性增强了其接受风险的倾向;而对低权力者却相反,权力的不稳定恰恰增强了其接受风险的倾向。以往研究表明,当领导者的权力不稳定时,由于无法感受到较高的权力,从而无法表现出与高权力相匹配的行为(Tost,2015)。本研究结果也表明,当权力稳定性受到威胁时,无论收益框架还是损失框架,高权力者都不敢再冒险,行为趋向保守。高权力者在面临权力威胁时选择更保守的研究结果,得到了以往研究的支持,当权力不稳定的时候,高权力者希望维持现有的权力状态(Ganlinsky et al.,2014)。Maner等(2007)研究发现,当权力现状潜伏危机时,具有强烈权力动机的领导者的决策会更保守,因此,此时他会更加注意保持既有的社会身份、他人的尊重,以及已有的重要资源而不敢去冒险(Maner, Gailliot, Butz, & Peruche, 2007)。这些研究结果恰恰证实了权力感会引发个体对潜在回报的关注,提高不受控制的可能,激发对风险的接受。但是当权力感状态受到一些因素影响时,领导者对潜在损失的感受增加,增加的损失厌恶导致了其对风险接受的降低。

有学者认为,当前部分政府官员有着强烈的避责动机,其中,保持权力(staying in power)是重中之重。纵使国家具有一定容忍范围,政府官员仍会采取积极避责策略来免受惩罚。这些避责策略包括:屏蔽信息或瞒报。这是面临突发事件时的常见做法,主要表现为对信息的把控来隐藏事实(倪星,王锐,2017)。这可能是领导者的权力本身受到威胁时的本能反应。本研究结果显示,当高权力者受到威胁时,无论得失框架,都不敢再冒险,此时,领导者的行为更容易变为如何谨小慎微、不出任何差错而保全自己当下所拥有的权力,因此会偏向采取避责行为。

因此,对于领导者的权力,既需要约束也需要适度保护。约束权力,对于那些位高权重者手揽大权,控制庞大丰富的资源,导致为所欲为的行为,以及制约腐败滋生是毋庸置疑的。但是另一方面,适度降低领导者的威胁顾虑也非常有必要。正如本研究结果显示,人的权力一旦遇到威胁,便会产生更多的自我保护行为,畏首畏尾,小心谨慎,不敢冒险和创新。事实上,在组织中没有任何职位是完全稳定不变的,尤其在当今倡导百舸争流的时代,几乎任何行业都充满着激烈竞争。组织为了应对环境的激烈变化,始终调整组织目标、配套制度和人事配置,是一种随时变化的情境所带来的领导者地位威胁。在人才辈出的组织中,领导者面对野心勃勃又德才具备的下属时,是对权力更替的担忧所带来的权力稳定威胁。另外,组织中采取非正常晋升制度或不恰当的考核制度,或者由于不良组织文化本身的"紧张"气氛和人际关系带来的权力稳定威胁也不乏所在。此时,组织采取适中的方式来降低领导者的威胁感具有重要意义。这种方式可能包括合理而不严苛的考核制度、容错机制等。

而低权力者面对权力稳定性出现变化,有上升机会,面临激励时,无论收益框架还是损失框架,都增加了冒险的倾向。Sligte, Dreu 和 Nijstad(2011)研究证明,当低权力者面对权力可以进行流动的机会时,与高权力者相比,低权力者表现出更加灵活的思维,更有创造力的活动。说明低权力者的认知能力并不低于高权力者,当他们有提升权力的动机时,会出现和高权力者相似的表现。所以,激励与授权同样重要,提高低权力者的高权力感有积极意义。McClelland(1976)曾经对权力有过精辟论述:权力是最重要的工作动机。长期从事领导发展和组织战略研究的专家 Burnham(1997)对此深表认同,认为无论时代如何变迁,权力仍然是组织中最重要的工作动机。对权力的追求是组织工作环境中的重要主题,权力对组织中的员工起着重要的作用。然而以往研究对低权力的探讨比较少,在今后研究中可以加强对其的关注和重视。

本研究发现,当低权力者面临权力更替激励时,能够有效激发其接近行为和冒险精神。在一个组织中,位卑权轻者畏首畏尾,不敢创新和承担责任是组织发展的最大障碍。如何通过恰当的手段和方法激发组织中各个层级员工的创造力和积极性,是组织心理学面临的现实问题。尤其是随着组织结构越来越扁平化,员工职位晋升机会减少,获得客观权力的可能性降低,组织不妨通过提升组织中个体的主观权力感水平来激发员工的积极作为。根据研究结果,高权力感可以提升人们的控制感,降低和抑制损失厌恶,激发个体的冒险精神和接近行为。相关研究也表明通过授权可以提升权力感,从而可以更好地激发人们的创造力,提升组织中员工的工作状态、促进工作绩效提升。显然,授权是一种重要的激励手段,能够提高低权力者的高权力感。对员工的正面激励和授权是组织保证活力的重要手段。

未来研究有必要关注组织可以通过哪些具体方式实现对员工的正面激励和授权,以此提升组织中个体的权力感。比如说组织可以通过工作任务设计如工作扩大化或者工作丰富化、参与式管理、多元职业生涯发展通道设计等具体的管理举措,激发员工的主观权力感。在大量研究和管理实践中已证实,授权和参与管理能激发员工的工作热情,促进员工的积极行为和工作绩效。当管理者更多地认识到权力感自身具备的激励性功能时,便可以通过员工管理手段的创新,在并没有改变客观权力的前提下,引导激发出更高的权力感并发挥其积极效用(罗文豪,陈佳颖,王尧,2020)。

三、损失厌恶的中介作用探讨

1. 损失厌恶的普遍性

损失厌恶是决策领域的普遍原则(Tvesky, 1972; Tversky & Kahneman,

1991),相比收益,人们更在意损失。"赢得起、输不起",可能是人们普遍的一种心理状态。已往关于收益与损失框架下人们风险偏好的不对称研究多是基于自我决策或为他人决策的决策任务得出的结论。

本文运用三个研究7个实验,其中有6个实验涉及得失框架,采用的是介于自我决策和为他人决策中间的组织决策任务,既有自我卷入,又不完全等同于自我决策。虽然采用了不同于以往的决策情境,但是6个实验都一致验证了得失不对称的研究结果和实验效应,而且这种效应非常稳定,人们在损失框架中比在收益框架中更冒险,再一次证实了损失厌恶的普遍性。

本质上讲,损失厌恶是一种非理性现象,由于风险往往与机遇并存,过度的损失厌恶可能会导致与重要的机会擦肩而过。因此如何在现实生活中减少损失厌恶对我们的影响是值得思考的问题。首先从个体层面来说,因为损失厌恶的普遍性,现实生活中安于现状偏差等现象俯首可拾,很多时候我们害怕变化和创新,因为那可能意味着失去原来已拥有的资源。但是如果不能拥抱变化,抱残守缺,必然会输掉灿烂未来。因此,如何更好地提升个体的控制感,增加权力感,减少损失厌恶,是将来研究非常值得关注的问题。

其次,从组织管理角度来讲,鉴于损失可能带来的心理感受远远大于获得,即使公平、和谐的分配方案也可能带来"不和谐"的心理感受。从权力的角度研究损失厌恶,有助于人们更好地干预由主观损失厌恶引起的各种"不和谐"感受或矛盾冲突,也为科学决策提供心理学方面的依据。例如,在工作中常常会碰到资源分配的问题,我们的建议是,可以通过改变个体的权力状态改变参照点,改变个体对"获得"和"损失"的主观感受,以有效地减缓损失厌恶感受。比如可以提供员工更多的选择权、评价权,甚至参与管理,以此提高员工的主观权力感,由此可以使员工的关注点从"失去什么"转变为"可以获得什么"上,从而减少损失厌恶倾向。

第三,从社会发展来说,要发展就一定要改革。但是任何改革都必然会触及利益藩篱,有人因此受益而有人因此失利。因此,在深化改革进程中会出现"人人盼改革,人人怕改革"的矛盾心理和冲突,既盼望改革带来新的发展机遇,又担心改革可能会失去的既得利益。而且由于损失厌恶的作用,有些群体担心和害怕的心理甚至发挥了主导作用,阻碍了改革和发展的步伐。因此,未来研究可从宏观视角关注损失厌恶与改革发展的关系,探究如何运用相关研究结果推动改革发展。

2. 高权力者更能"输得起"

虽然损失厌恶普遍存在，但是"赢得起、输不起"的心理状态在不同特点的人群中是存在差异的。研究三首先通过实验6证实了高低权力者存在的损失厌恶大小差异，相对低权力者，高权力者有较少的损失厌恶。与低权力者相比，高权力者更能"输得起"。实验7又证实了损失厌恶在权力感影响风险偏好关系中的中介作用。无论在收益框架还是损失框架，损失厌恶都起到了部分中介作用。因此，研究认为，正是因为高权力者有较少的损失厌恶，所以才导致了较高的风险偏好，也正是因为高权力者能"输得起"，所以更敢冒"失去"的风险。这个理论逻辑为以往关于权力与风险研究更多采用的理论工具——接近—抑制理论从乐观、接近行为等正面验证权力对风险偏好的关系，做了很好的补充。

该研究结果也得到了以往一些研究的支持，Inesi（2010）对权力感与损失厌恶做了系列研究，研究发现高权力者具有较少的损失厌恶，而且权力对损失厌恶的影响在很大程度上是自动的，是无意识的过程。损失厌恶的降低似乎是高权力心态的基本组成部分，每当高权力心态被激活，就会降低损失厌恶。这意味着相比其他人，权力拥有者将设法避免一种给定的负面结果，即使他们的权力对消除影响毫无作用。

当然，损失厌恶的作用也不能被完全忽视，从进化论角度来说，人们在决策时对损失赋予更大心理权重的损失厌恶意味着更为谨慎保守的行为偏向，而这种谨慎保守有利于提高个体的生存和繁殖成功率，即适应度。利用损失厌恶这个特点，是否对今后更好地开展通过操纵损失厌恶，以影响个体的风险偏好相关研究做更深入思考。

3. 损失厌恶的操纵方式

本研究中对损失厌恶是通过测量的方式获得的，测量方式具有一定局限性。为了更深入把握两者的因果关系，进一步研究需要通过操纵损失厌恶的方式，考察风险偏好的变化，以便更深入地探究两者的关系。

第二节 研究结论

本研究从心理学研究视角入手，以实际工作中不同层级的管理者群体为被试,采用得失框架下具有现实工作情景的决策任务,系统地探讨了得失框架下权力感对风险决策的影响,权力动机和权力稳定性对得失框架下权力感影响风险决策的调节作用,以及损失厌恶对得失框架下权力感影响风险决策的中介作用。结果发现:

第一,得失框架下,权力感均增加了个体的风险偏好,高权力感个体相对于低权力感个体有更高的冒险倾向。但是,当权力稳定性介入时,权力主效应不再显著。

第二,得失框架下,权力感对风险偏好的影响,都受到权力动机水平和权力稳定性的调节。对高权力者,权力动机削弱了风险偏好的影响,动机越强越保守,动机越低越冒险;而权力稳定增加了风险偏好的影响,权力越稳定越冒险,权力越不稳定越保守;对低权力者,权力动机增强了风险偏好的影响,动机越强越冒险,动机越低越保守;而权力稳定削弱了风险偏好的影响,权力越稳定越保守,权力越不稳定越冒险。

第三,权力感与损失厌恶呈负相关,权力感越高,损失厌恶越小。无论在收益框架下,还是在损失框架下,损失厌恶在权力感与风险偏好间都起到了部分中介作用。

第三节 本研究的创新之处

一、理论创新

第一,丰富了权力心理学理论。本研究通过系列实验系统考察了权力感对风险决策的影响,实验结果显示,不仅权力感高低对风险决策存在一定的影响,而且权力的其他维度也会影响风险决策,这其中包括个体内在的因素,如权力动机,也包括外在环境因素,如权力稳定性。而且研究发现一旦当权力稳定性介入时,权力主效应不再显著,因此认为权力应该是动态而非静态的结构,权力稳定性的改变,会带来人们原先持有的权力观和权力感受的改变。因此当权力与稳定性相关联时,高权力者和低权力者的风险决策行为就会发生转化作用。这些研究结果丰富了权力心理学理论。

第二,为权力心理学研究积累了本土素材。国内关于权力的实证研究中,基本上采用大学生为被试,缺乏实际工作经验的学生很难有深刻的权力体验,因此以学生为被试,外部效度较低。本研究采用有实际领导经验的管理者为被试,编制得失框架下具有现实工作情景的决策任务,为证实权力心理学相关理论提供了实验数据,为完善权力心理学理论积累了本土素材。例如在研究中发现,对具有实际领导经验的被试来说,主流的权力启动方法——回忆法并不一定适用。另外研究采用的介于自我—他人决策任务中间的组织决策任务,同样发现了得失不对称现象。这些相关研究结果对补充和完善相关权力心理学理论具有一定的意义。

第三,拓展了损失厌恶理论的应用研究。损失厌恶是 Kahneman 和 Tversky 前景理论的重要内容,众多研究证实,它普遍存在于各类决策之中(Kahneman & Tversky, 1979; Novemsky & Kahneman, 2005)。本研究通过实验证实,虽然损失厌恶是人们的一种普遍心理现象,但是,不同个体的损失厌恶存在差异,高权力者普遍存在比低权力者更小的损失厌恶,这也就导致了面对同样的得失框架,高权力者会表现得比低权力者更冒险。本研究证实了损失厌恶对权力感影响风险决策的中介作用,影响高低权力者决策风险偏好差异的原因,一定程度取决于损失厌恶的中介作用。这些研究结果拓展了损失厌恶理论在权力心理学的应用,具有一定的理论意义。

二、内容创新

本研究通过各种不同的权力感测量和操纵方式全面系统考察了权力感对风险决策的影响,而且探讨了这种影响在权力动机和权力稳定性这两个调节变量和损失厌恶这个中介变量作用下的变化,得出了一些结论。以往研究很少从损失厌恶这个角度探究权力感与风险决策的关系,本研究证实了损失厌恶的中介作用。而且研究采用的介于自我—他人决策之间的组织决策任务,对推广以往研究结果的应用领域都具有一定的意义。总之,本研究得出的结论不仅丰富了权力心理学的研究内容,而且对损失厌恶理论和风险决策理论都有相应的推进作用。

三、方法创新

本研究采用具有实际领导经验的管理者作为被试,主要运用计算机情境模拟实验法,辅以问卷结合的方式,具有一定的创新。

第一，与以往相关研究采用大学生做被试不同，本研究采用具有实际领导经验的管理者做被试，避免了以往研究由于被试缺乏实际权力体验卷入度不足的问题，在一定程度上提高了实验的有效性和外部效度。

第二，本研究采用计算机情境模拟实验法为主和问卷为辅结合的方式，两种方式的结合避免了单一渠道的偏差，为更好地收集数据提供了支持。尤其是计算机情境模拟实验中，领导力测评反馈通过计算机程序自动呈现测评结果反馈，非常逼真，比直接告知被试测评结果更有效，从而增加了被试对测评结果的可信度，也提高了被试的卷入度，在一定程度上保证了实验的有效性。

第四节 研究局限及展望

一、权力感研究中是否存在中等效应现象？

对于权力感如何影响风险决策的探讨，本研究只比较了高低权力状态的差异，缺乏多级权力感关系探讨，是本研究存在的不足之处。简单的权力感二元操作在很大程度上制约了研究的进一步完善。

事实上，高低二元权力感划分方式与现实社会和实际情况并不吻合，在现实生活中，权力的存在常常是多级的，而且权力关系存在相对性。如组织中的中层管理者，在下属面前是高权力者，而在高层管理者面前只是低权力者。关于高中低三层权力等级为背景的研究发现，低权力者最愿意增加自身权力。他们希望减少自己和高权力者间的权力差异，比希望减少自己和中间权力者的权力差异更强烈。高权力者更希望增加自己和中间权力者的权力差异，而不是和低权力者的差异(Dijke, & Poppe, 2003)。进一步研究可以思考权力感研究中的中等效应问题。

而且，国内外大量研究证实了中等效应的存在。Atkinson(1957)研究发现高成就动机个体偏好中等难度的任务。Yerkes 和 Dodson(1908)关于动机水平与工作效率的研究也发现，当动机水平处于中等水平时，工作效率最高。国内研究者段婧、刘永芳等(2012)也发现了中等效应现象，在一项风险决策研究中，发现在损失框架中高、低自尊者比中等自尊者更冒险，但是在收益框架中中等自尊者比高、低自尊者更冒险。仲轶璐、刘永芳(2013)在一项关于金钱竞拍任务的风险决策研究中,也同样发现中等水平自尊者最为冒险。

这些发现对于进一步开展权力感研究具有一定的启示:是否具有高权力感的个体,在冒险倾向上也有度的差异?是否也存在中等权力者最冒险的中等效应现象?值得进一步研究深入挖掘。

二、如何多样化评价和操作权力感?

1. 本土化权力感问卷的开发

本研究采用的权力感问卷是 Anderson 等(2012)的个人权力感量表(Anderson, John, & Keltner, 2012)。虽然该量表具有较好的信效度,但是也存在一些问题。首先,该量表是测量一般情境下的自我权力感,对某些特定场景的操作检验的适用性还有待检验。例如是否适合工作情景中权力感的测量?其次,该量表是针对一般人群权力感的测量,对测量中国文化中的管理者群体的权力感,可能还存在着一些局限性。第三,该量表由单一结构维度构成,测量结果很大程度反映的是个体的一种控制感。"我认为我有很大的影响力""我总是能够使他人聆听我的意见"等题项都反映出了个体对自己所拥有权力多少的主观感知,都是一个单一结构维度的概念,但是现在有一些研究表明权力感的结构可能是多维度的,例如 Zhong 等(2006)认为东方文化不仅强调权力的控制感,而且强调权力的责任感,因此完整的权力感结构应该包括控制感和责任感两个部分。在中国文化下,本土的权力感结构和维度究竟如何?评价问卷如何开发?可以在今后的研究中加以探究。此外,在权力感启动方法中,我们会通过一些文字、图片等各种方式启动被试自身的权力感知,使被试处于高权力状态或者低权力状态,但是也仅仅是针对权力感的高低作出了启动,将来研究可以更加细分权力感内涵,在实验设计中,更有针对性地启动某一类权力感。

2. 内隐权力操作方式的应用

权力可以分为外显权力和内隐权力两个方面,这两类权力都会对行为产生影响。Huang 等人(Huang, Galinsky, Gruenfeld, & Guillory, 2011)曾经对比不同方式对启动权力感的效果比较,结果发现,用身体姿势启动的内隐权力感比用角色扮演启动的外显权力感对行为的影响更大。本研究只采用了启动外显权力感的方式,在将来的实验中,还可以考虑采用其他的操纵方式来启动内隐权力感,更加全面完善地探讨权力感对风险决策的影响。

3. 神经生理指标的应用

近些年,随着研究技术的发展和进步,越来越多研究采用神经生理指标开展权力感相关研究,为更好地测量权力感做出了探索。相关研究显示,与启发低权力感的被试相比,高权力感被试的α波活动,左前额皮质区域比右前额区域受到更大的抑制(Boksem, Smolders, & Cremer, 2009)。这些脑神经指标是评价权力感启动的最佳佐证。但目前研究依然是以学生为被试,并采用权力感启动的方法,得出的神经生理指标与现实中实际领导者之间肯定存在不一致。如果能以实际工作中的领导者作为被试,考察高权力者与低权力者在风险决策过程中的神经生理指标,不失为更深入地推进相关研究向纵深发展的途径。

4. 加强权力评价中的社会情境因素

Fiske 和 Berdahl 曾指出:"当前权力研究过于强调权力的个体属性和特点,忽视了权力的社会性和情境性,如何通过加强对真实社会互动系统中的权力研究,将增强我们对权力的影响的认识。"因此,在将来的实验室研究中,可以把剥离的社会情境做适当考量和分析,比较在纯粹的实验室环境和融入社会情境的相对真实情景中的权力效应差异及其机制。其次,权力产生的心理效应与文化背景紧密相关,东西方文化和价值系统存在较大差异,对不同文化背景和价值系统中的权力效应差异比较值得进一步探究。Zhong, Magee, Maddux 和 Galinsky 认为,文化价值观会导致不同的权力内涵建构和相应的行为,即不同文化下的权力拥有者对权力的内在认知和行为可能存在差异。因此,今后如果将中国传统文化尤其是"儒、墨、道"等经典文化纳入权力的心理学研究,进行实证研究和检验,将有助于丰富对权力的理解,并为阐释权力效应提供一个更加全面和综合的理论模式。

5. 内外权力感匹配问题

研究中虽然考虑到了在操纵权力感高低时考虑被试原有职位的情况,尽量做到对同等职位的被试进行分高低组操纵权力感,但是,被试本身具有的特质权力感与操纵的权力状态之间可能也会存在不匹配的情况。一般认为由个体本身内在个性特质所引起的内在权力感知,是个体长期拥有的具有普遍性的一种特质;而操纵的权力状态是由情境赋予个体的权力特征。如果一个特质权力感很高的个体按照低权力状态操纵,可能会引起诸多不协调，这些不协调是否会对个体风险决策产生一定的影响，也是值得深入思考的问题。

三、如何更好地激发权力的积极效应？

同样的权力在不同情境下可以产生积极效应也可以产生消极效应，如何更好地激发权力的积极效应值得学界重视和深入研究。"权力不论大小，只要不受制约和监督，都可能被滥用"。研究发现，只有当权力是不受监督和极易获取时才会发生自我中心的偏见，当组织目标、文化和领导价值是以大众为中心的时候，团队和组织会首先受益。此外，Maner 和 Mead 研究发现，不安全、不稳定的权力导致高权力者向团队隐瞒有价值的信息，并阻止其他有技能的团体成员产生影响。然而，这些利己主义行为在团队与外部竞争时却消失了。因此，Galinsky 等人提出，今后要在两方面加强调节变量对权力影响的研究，其一，研究在何种情况下权力对亲社会和反社会的结果会出现反转；其二，哪些变量的介入会发生权力对同一结果变量产生不同的影响。这些研究不仅会更准确地描绘权力效应，而且对社会如何鼓励运用权力扬善惩恶具有重大的政策含义。

其次，唤起责任意识和构建问责体系，是遏制权力消极效应的关键。研究发现，当"责任"介入后，高权力者的自利行为出现克制，转变为负责任和社会支持的行动，表现出志愿服务等具有社区意识的行为。Sedikides Herbst，Hardin 和 Dardis(2002)的研究表明，问责能够阻止自我膨胀的产生，当个体知道自己有可能被评价，而且评价的不良后果要自己承担的时候，会更加关注自己的弱点，从而可能降低自我膨胀的产生。同时，当高权力个体感知到要被问责时，权力所引起的过度乐观主义和冒险性会减弱。Cremer(2003)研究表明，领导者在具备高度责任卷入的决策任务中的表现比在低度责任卷入的决策任务中更谨慎，更加趋向使用平等规则。Scholl 等人的研究也表明，在不同的群体情境中权力感对责任感知的影响不同，在内群体情境下，高权力者会比低权力者感知到更多的群体责任，因此更易于考虑群体和他人利益，也会对需要帮助的人表现出仁慈的态度(杜秀莲，王红霞，2020)。大量研究表明，当权者责任意识的唤起和问责压力的感知，能较好地减少权力的消极效应，未来研究可以对此问题进行更加深入的探讨。

四、如何更好地规避权力导致的决策偏差?

位居高位的领导者要成为知己知彼的决策者,需要有高度的适应性和决策理性,避免权力导致的决策偏差。官渡之战是中国历史上著名的以弱胜强的战役之一,曹操以弱胜强、以少胜多击败了袁绍。战争结束后,曹操缴获了一批信件,全部都是曹操的部下和袁绍暗通款曲的信,当时有谋士提了一个建议,"可逐一点名,收而杀之"。曹操却说:"当绍之强,孤亦不能自保,况他人乎"。于是一把火把信件都烧了,从此不再过问(王晓田,陆静怡,2016)。曹操的这一决策体现了领导者理性决策不受情绪等非理性因素左右的能力。但是,现实工作生活中存在大量的理性缺失导致的决策偏差,有的与权力有关,比如由权力导致的过度自信、损失厌恶等。如何进一步探究降低决策偏差的影响因素,提升决策质量,有待进一步探讨和思考。

李纾、毕研玲、张雨青(2009)在一项研究中发现,他人在场会令人们的过度自信降低。他们在研究中招募了218位新加坡华人学生,其中部分学生以小组为单位共同决策完成问卷,部分学生把问卷带回家后与家人共同决策完成问卷。所有学生需要先单独答题,再与他人一起写出答案。在问卷最后,每位被试需要回答一些常识问题,例如,下列哪项运动是全世界最流行的运动?篮球?足球?并评估自己认为的正确率。你对你答对该题有多大把握(50%—100%)?研究结果发现,被试与同学或家人一起答题时,过分自信程度比一个人答题时降低,容易走出过分自信的陷阱。房永青、李纾(2004)研究发现,集体主义能够让人们变得理性,有效缓解过分自信带来的问题。他们通过使用标语启动学生的集体主义价值观,标语是一个国家的长期文化标志,代表了一个国家或地区的核心价值观。研究运用了体现新加坡集体主义文化的五条标语,阅读完标语后让被试完成一道测量过分自信的题目。结果发现,阅读标语启动了被试的集体主义感,并使得被试的过分自信程度明显降低。

未来研究可以进一步探讨制约决策偏差的影响因素,规避权力导致的决策偏差,更好地提升权力者的决策质量。

五、如何更好地促进风险决策研究的生态效度?

1. 风险决策研究方式的多元化

本研究主要采用自编风险决策问卷作为风险决策的主要研究工具,方式比较单一,今后研究可探索更为多元的风险决策研究方法。研究证实,不同的风险决策研究方式可以激发被试不同的卷入程度。Harknes 等(1985)认为,随着个人卷入度的提高,决策者的决策方式会发生改变,因为其更关注信息内容,处理信息更系统,从而不再依赖简单启发式的决策方式。本研究采用风险问卷的测评方式,虽然编制了更具有工作情境的风险问题,以提高被试的卷入度,但是仅仅是问卷的呈现这种方式仍然会影响被试的卷入度,从而影响决策结果。有别于以往的多数研究采用风险问卷或量表测量风险偏好的方式,仲轶璐、刘永芳(2013)曾采用根据 Shubik(1971)著名的 1 美元竞拍游戏改编的金钱竞拍任务,来探讨现实竞争条件下竞拍者的自尊水平、性别及竞拍对手性别对风险偏好的影响,增强了研究的生态效度。今后研究可以探索采用更逼真的仿真动态测评,以更好地提高被试的卷入度,提高研究的生态效度。

2. 风险决策测评问题类型的细分

本研究采用工作情境的决策问题为风险决策的测量内容,但是,冒险的内容与反应方式和程度具有极高的相关。进一步研究要区分风险的类型和性质:有的官员为了老百姓的利益,敢冒制度框架的风险;有的官员为了满足私欲,敢冒腐败的风险。同样是冒险行为,但是性质和意义却完全不同。冒险的具体内涵是什么? 为民利益的风险还是满足个人私利的风险? 直接影响了官员冒险与否的反应。所以进一步研究应该更好地探讨不同的风险类型是否有不同的反应方式和程度,以及哪些内外因素会影响其反应。

参 考 文 献

1. 陈海贤,何贵兵.(2011).识解水平对跨期选择和风险选择的影响.心理学报,43(4),442-452.

2. 成年,李岩梅,梁竹苑.(2014).权力的三种心理机制及其影响.心理科学,37(4),1008-1015.

3. 杜秀莲,王红霞.(2020).权力感对道德决策的影响及其机制:基于群体层面的研究,中国特殊教育,242(8),81-87.

4. 段贺兵.(2019).投资和博彩:民众的朴素理论与损失厌恶.硕士学位论文.华东师范大学.

5. 段锦云,黄彩云.(2013).个人权力感对进谏行为的影响机制:权力认知的视角,心理学报,45(2),217-230.

6. 段锦云,卢志巍,张涵碧.(2016).权力感对风险决策框架效应的影响,心理科学,39(2),412-417.

7. 段婧,刘永芳,何琪.(2012).决策者角色及相关变量对风险偏好的影响,心理学报,44(3),369-376.

8. 管延华,迟毓凯,戴金浩.(2014).权力对风险决策偏好的影响,心理研究,7(4),42-47.

9. 黄希庭.(2004).人格心理学,浙江教育出版社.

10. 黎晓丹,丁道群,叶浩生.(2019).身体姿势启动的内隐权力感对公平决策的影响,心理学报,51(1),106-116.

11. 李纾.(2001).艾勒悖论(Allais Paradox)另释,心理学报,33(2),176-181.

12. 李纾.(2016).《决策心理学:齐当别之道》,华东师范大学出版社.

13. 李纾.(2005).确定、不确定风险状态下选择反转:"齐当别"选择方式的解释,心理学报,137(4),427-433.

14. 李信.(2016).状态权力感对补偿消费的影响：特质权力感的调节作用.硕士学位论文.中国科学院研究院.

15. 梁竹苑,许燕,蒋奖.(2007).决策中个体差异研究现状述评,心理科学进展,15(4),689-694.

16. 刘涵慧,周洪雨,车宏生.(2010).人格特征对不同类型框架下决策的影响.心理科学,33(4),823-826.

17. 刘涵慧,周洪雨,车宏生.(2008).时间压力、个人相关性对不同类型框架下决策的影响.心理学探新,28(4),27-30.

18. 刘腾飞,徐富明,张军伟,蒋多,陈雪玲.(2010).安于现状偏差的心理机制、影响因素及应用启示.心理科学进展,18(10),1636-1643.

19. 刘永芳,毕玉芳,王怀勇.(2010).情绪和任务框架对自我和预期他人决策时风险偏好的影响.心理学报,42(3),317-324.

20. 卢谢峰,韩立敏.(2007).中介变量、调节变量与协变量——概念、统计检验及其比较.心理科学,30(4),934-936.

21. 陆静怡,尚雪松.(2018).为他人做决策：多维度心理机制与决策体验.心理科学进展,26(9),1545-1552.

22. 罗文豪,陈佳颖,王尧.(2020).有权才能好办事？组织管理情境下的权力感研究进展与未来展望.中国人力资源开发,37(1),35-53.

23. 马文娟,索涛,李亚丹,罗笠铢,冯廷勇,李红.(2012).得失框架效应的分离——来自收益与损失型跨期选择的研究.心理学报,44(8),1038-1046.

24. 倪星,王锐.(2017).从邀功到避责：基层政府官员行为变化研究,政治学研究,2,42-51.

25. [美]斯科特·普劳斯.(2004).决策与判断,施俊琦,王星译.人民邮电出版社.

26. 孙倩,龙长权,王修欣,刘永芳.(2019).公平或是利益？权力对分配公平感的影响.心理学报,51(8),958-968.

27. 谭洁,郑全全.(2010).目标追求过程中的权力效应,心理科学进展,18(11),782-1788.

28. 王波.(2014).个体特征和任务特征对风险决策的影响研究.(硕士学位论文),广西师范大学.

29. 王大伟,胡艺馨,时勘.(2014).先前情绪和过度自信对灾难事件后继风险决策的影响,心理科学,37(2):383-387.

30. 王浩,俞国良.(2017).亲密关系中的权力认知,心理科学进展,25(4),639-651.

31. 王美萍,郑晓洁,夏桂芝,刘迪迪,陈翾,张文新.(2019).负性生活事件与青少年早期抑郁的关系:COMT 基因 Val158Met 多态性与父母教养行为的调节作用,心理学报,51(8),903-913.

32. 王文超,伍新春.(2020).共情对灾后青少年亲社会行为的影响:感恩、社会支持和创伤后成长的中介作用,心理学报,52(3),307-316.

33. 王晓田,陆静怡.(2016).进化的智慧与决策的理性,华东师范大学出版社.

34. 王晓庄,张皎霄,赵嘉妍,赵玥,安晓镜,Muthoni.(2021).社会动机一致性与问责对群体决策的影响,心理与行为研究,19(4),528-534.

35. 韦庆旺.(2008).权力差异和社会动机对谈判行为和结果的影响.(博士学位论文),浙江大学.

36. 韦庆旺,俞国良.(2009).权力的社会认知研究述评.心理科学进展,17(6),1336-1343.

37. 韦庆旺,郑全全,俞国良.(2010).权力、社会动机和问责对谈判知觉、行为和结果的影响,应用心理学,16(1),027-034.

38. 魏秋江,段锦云,范庭卫.(2012).权力操作范式的分析与比较.心理科学进展,20(9),1507-1518.

39. 温忠麟,叶宝娟.(2014).有调节的中介模型检验方法:竞争还是替补?心理学报,46(5),714-726.

40. 谢科范,刘骅.(2006).决策者的权力范围与风险倾向分析.武汉理工大学学报,19(5),714-716.

41. 谢晓非,李育辉.(2002).风险情景中的机会和威胁认知,心理学报,34(3),319-326.

42. 许磊.(2015).领导者权力与自私行为关系研究.(硕士学位论文),华中师范大学.

43. 闫永海,孔玉生.(2010).总经理过度自信对资本结构影响的实证分析,预测,29(4),58-63.

44. 严万森,李纡,隋南.(2011).成瘾人群的决策障碍:研究范式与神经机制,心理科学进展,19(5),652-663.

45. 杨文琪,李强,郭名扬,范谦,何伊丽.(2017).权力感对个体的影响:调节定向的视角,心理学报,49(3),404-415.

46. 余嘉元.(2001).决策风格和风险偏好的关系,统计与决策,11,20.

47. 余明桂,夏新平,邹振松.(2006).管理者过度自信与企业激进负债行为.管理世界.2006(8),104-125.

48. 俞可平.(2016).权力与权威:新的解释,中国人民大学学报,3,40-49.

49. 张春兴.(1994).现代心理学,上海人民出版社.

50. 郑睦凡,赵俊华.(2013)权力如何影响道德判断行为:情境卷入的效应,心理学报,45(11),1274-1282.

51. 仲轶璐,刘永芳.(2013).金钱竞拍任务上的风险偏好:自尊水平和性别的作用,心理学报,45(3),353-362.

52. 周蕾,李纾,许燕,梁竹苑.(2014).决策风格的理论发展及建构:基于信息加工视角,心理科学进展,22(1),112-121.

53. 庄锦英.(2006).决策心理学.上海教育出版社.

54. 庄锦英.(2003).情绪与决策的关系,心理科学进展,11(4),423-431.

55. Adler, N. E., Boyce, T., Chesney, M. A., Cohen, S., Folkman, S., Kahn, R. L., & Syme, S. L. (1994). Socioeconomic status and health. The challenge of the gradient. *American Psychologist*, 49(1), 15-24.

56. Aiken, L. S., & West, S. G. (1991). Multiple regression: Testing and interpreting interactions. Newbury Park, CA: Sage.

57. Allais, M. (1979). The so-called Allais paradox and rational decisions under uncertainty. In M. Allais & O. Hagen (Eds.), *Expected utility hypotheses and the Allais paradox* (pp. 437-681). Dordrecht, the Netherlands: Reidel.

58. Anderson, C., & Berdahl, J. (2002). The experience of power: Examining the effects of power on approach and inhibition tendencies. *Journal of Personality and Social Psychology*, 83(6), 1362-1377.

59. Anderson, C., & Galinsky, A. D. (2006). Power, optimism, and risk-taking. *European Journal of Social Psychology*, 36(4), 511-36.

60. Anderson, C., John, O. P., & Keltner, D.(2012). The personal

sense of power. *Journal of Personality and Social Psychology*, 80(2), 313–344.

61. Atkinson, J. W. (1957). Motivational determinants of risk-taking behavior, *Psychological Review*, 64(6), 359–372.

62. Bargh, J. A., Raymond, P., Pryor, J. B., & Strack, F. (1995). Attractiveness of the underling: An automatic power→sex association and its consequences for sexual harassment and aggression. *Journal of Personality and Social Psychology*, 68, 768–781.

63. Baron, R. M., & Kenny, D. A. (1986). The moderator-mediator variable distinction in social psychological research: Conceptual, strategic, and statistical considerations. *Journal of Personality and Social Psychology*, 51(6), 1173–1182.

64. Beisswanger, A. H., Stone, E. R., Hupp, J. M., & Allgaier, L. (2003). Risk taking in relationships: Differences in deciding for oneself versus for a friend. *Basic and Applied Social Psychology*, 25(2), 121–135.

65. Bohns, V. K., & Wiltermuth, S. S. (2012). It hurts when I do this (or you do that): Posture and pain tolerance. *Journal of Experimental Social Psychology*, 48(1), 341–345.

66. Bugental, D. B., & Lewis, J. C. (1999). The paradoxical misuse of power by those who see themselves as powerless: How does it happen? *Journal of Social Issues*, 55(1), 51–64.

67. Burnham, D. H. (1997). *Power is still the great motivator—With a difference!* Burnham Rosen Group, LLC. Leadership Development and Strategic Consulting.

68. Capaldi, D. M., Stoolmiller, M., Clark, S., & Owen, D. L. (2002). Heterosexual risk behaviors in at-risk young men from early adolescence to young adulthood prevalence, prediction, and association with STD contraction. *Developmental Psychology*, 38, 394–406.

69. Carney, D. R., Cuddy, A. J. C., & Yap, A. J. (2010). Power posing: Brief nonverbal displays affect neuroendocrine levels and risk tolerance. *Psychological Science*, 21(10), 1363–1368.

70. Cassidy, T., & Lynn, R. (1989). A multifactorial approach to achievement motivation: The development of a comprehensive measure, *Journal of Occupational Psychology*, 62, 301–312.

71. Caza, B. B., Tiedens, L., & Lee, F. (2010). Power becomes you: The effects of implicit and explicit power on the self. *Organizational Behavior and Human Decision Processes*, 114(1), 15–24.

72. Chan, K. Y, Ong, K. C., & Chah, C. (1999). Research and Theory on the Motivation to Lead: Implications for officer Selection. *Paper presented at the RTO HFM Workshop on "Officer Selection" held in Monterey.*

73. Chen, S., Langner, C. A., & Mendoza-Denton, R. (2009). When dispositional and role power fit: Implications for self-expression and self-other congruence. *Journal of Personality and Social Psychology*, 96(3), 710–727.

74. Chen, S., Lee-Chai, A. Y., & Bargh, J. A. (2001). Relationship orientation as a moderator of the effects of social power. *Journal of personality and Social Psychology*, 80(2), 173–187.

75. Clore, G. L., & Schwarz, N. (1983). Mood, misattribution, and judgments of well being: informative and directive functions of affective states. *Journal of Personality and Social Psychology*, 45, 513–523.

76. Cremer, D. D. (2003). How Self-Conception May Lead to Inequality: Effect of Hierarchical Roles on the Equality Rule in Organizational Resource-Sharing Tasks. *Group & Organization Management*, 28(2), 282–302.

77. Dahl, R. A. (1957). The concept of power. *Behavioural Science*, 2, 201–215.

78. Dahlen, E. R., & White, R. P. (2006). The Big Five factors, sensation seeking, and driving anger in the prediction of unsafe driving. *Personality & Individual Differences*. 41(5), 903–915.

79. Dasgupta, N., McGhee, D. E., Greenwald, A. G., & Banaji, M. R. (2000). Automatic preference for White Americans: Eliminating the

familiarity explanation. *Journal of Experimental Social Psychology*, 36(3), 316–328.

80. Davis, M. A., & Bobko, P. (1986). Contextual Effects on Escalation Processes in Public Sector Decision Making. *Organizational Behavior and Human Decision Processes*. 37(1), 121–138.

81. Dawson, J. F., & Richter, A. W. (2006). Probing three-way interactions in moderated multiple regression: development and application of a slope difference test. *Journal of Applied Psychology*, 91(4), 917–926.

82. DeCelles, K. A., DeRue, D. S., Margolis, J. D., & Ceranic, T. L. (2012). Does power corrupt or enable? When and why power facilitates self-interested behavior. *Journal of Applied Psychology*, 97(3), 681–689.

83. Denton, K., & Krebs, D. (1990). From the scene to the crime: The effect of alcohol and social context on moral judgment. *Journal of Personality and Social Psychology*, 59(2), 242–248.

84. Detert, J. R., & Edmondson, A. C. (2011). Implicit voice theories: Taken-for-granted rules of self-censorship at work. *Academy of Management Journal*, 54(3), 461–488.

85. Dijke, M. V., & Poppe, M. (2003). Preferred changes in power differences: Effects of social comparison in equal and unequal power relations. *Journal of Experimental Social Psychology*, 39, 149–160.

86. Dijke, M. V., & Poppe, M. (2006). Striving for personal power as a basis for social power dynamics. *European Journal of Social Psychology*, 36(4), 537–556.

87. Dijke, M.V., & Poppe, M. (2006). Striving for personal power as a basis for social power dynamics. *European Journal of Social Psychology*. 36, 537–556.

88. Dijksterhuis, A., & Nordgren, L. F. (2006). A theory of unconscious thought. *Perspectives on Psychological Science*, 1, 95–109.

89. Dubois, D., Rucker, D. D., & Galinsky, A. D. (2010). The accentuation bias: Money literally looms larger (and sometimes smaller) to the powerless. *Social Psychological and Personality Science*, 1(3),

199-205.

90. Dubois, D., Rucker, D. D., & Galinsky, A. D. (2015). Social class, power, and selfishness: When and why upper and lower class individuals behave unethically. *Journal of Personality and Social Psychology*, 108(3), 436-449.

91. Ebenbach, D. H., & Keltner, D. (1998). Power, emotion and judgmental accuracy in social conflict: Motivating the cognitive miser. *Basic and Applied Social Psychology*, 20(1), 7-21.

92. Edwards, J., & Van Harrison, R. (1993). Job demands and worker health: Three-dimensional reexamination of the relationship between person-environment fit and strain. *Journal of Applied Psychology*, 78(4), 628.

93. Elliot, A. J. (2006). The hierarchical model of approach-avoidance motivation. *Motivation and Emotion*, 30(2), 111-116.

94. Ellsberg, D. (1961). Risk, ambiguity, and the Savage axioms. *Quarterly Journal of Economics*, 75(4), 643-699.

95. Emerson, R. M. (1962). Power dependence relations. *American Sociological Review*, 27, 31-41.

96. Fagley, N, & Miller, P M. (1990). The effect of framing on choice interactions with risk-taking propensity, cognitive style, and sex. *Personality and Social Psychology Bulletin*, 16(3), 496-510.

97. Fairbanks, L. A., Melega, W. P., Jorgensen, M. J., Kaplan, J. R., & McGuire, M. T. (2001). Social impulsivity inversely associated with CSF 5-HIAA and fluoxetine exposure in vervet monkeys. *Neuropsychopharmacology*, 24(4), 370-378.

98. Fan, E. T., & Gruenfeld, D. H. (1998). When needs outweigh desires: The effects of resource interdependence and reward interdependence on group problem solving. *Basic and Applied Social Psychology*, 20(1), 45-56.

99. Fang, Y., & Li, S. (2004). Respondents in Asian cultures (e. g. Chinese) are more risk-seeking and more overconfident than respondents in other cultres (e. g. in united states) but the reciprocal predictions are in

total opposition: How and why? *Journal of Cognition and Culture*, 4(2), 263–292.

100. Fast, N. J., & Chen, S. (2009). When the boss feels inadequate: Power, incompetence, and aggression. *Psychological Science*, 20(11), 1406–1413.

101. Fast, N. J., Gruenfeld, D. H., Sivanathan, N., & Galinsky, A. D. (2009). Illusory control: A generative force behind power's far-reaching effects. *Psychological Science*, 20(4), 502–508.

102. Fast, N. J., Sivanathan, N., Mayer, N. D., & Galinsky, A. D. (2011). Power and overconfident decision-making. *Organizational Behavior and Human Decision Processes*, 117(2), 249–260.

103. Fast, N. J., Sivanathan, N., Mayer, N. D., & Galinsky, A. D. (2012). Power and overconfident decision-making. *Organizational Behavior and Human Decision Processes*, 117(2), 249–260.

104. Fessler, M. T. D. (2001). Emotions and cost-benefit assessment: the role of shame and self-esteem in risk taking. In Gigerenzer, G. & Selten. Bounded rationality: the adaptive toolbox (pp. 191–214). Cambridge, MA: MIT University Press.

105. Festinger, L. (1962). Cognitive dissonance. *Scientific American*, 207(4), 93–102.

106. Fiske, S. T. (1993). Controlling other people: The impact of power on stereotyping. *American Psychologist*, 48(6), 621–628.

107. Fiske, S. T., & Berdahl, J. (2007). Social power. In A. W. Kruglanski & E. T. Higgins (Eds.), Social psychology: Handbook of basic principles (pp. 678–694). *New York: Guilford*.

108. Fiske, S. T., & Dépret, E. (1996). Control, interdependence, and power: Understanding social cognition in its social context. *European Review of Social Psychology*, 7(1), 31–61.

109. Fodor, E. M., Wick, D. P., & Conroy, N. E. (2012). Power motivation as an influence on reation to an imagined feminist dating partner. *Motivation and Emotion*, 36(3), 301–310.

110. French, J., & Raven, B. (1959). The bases of social power. In D. Cartwright(Ed.), Studies in social power(pp. 150 – 167). Ann Arbor, MI: *Institute for Social Research*.

111. Galinsky, A. D., Gruenfeld, D. H., & Magee, J. C. (2003). From power to action. *Journal of Personality and Social Psychology*, 85 (3), 453 – 466.

112. Galinsky, A. D., Magee, J. C., Gruenfeld, D. H., Whitson, J. A., & Liljenquist, K. A.(2008). Power reduces the press of the situation: implications for creativity, conformity, and dissonance. *Journal of Personality and Social Psychology*, 95(6), 1450 – 1466.

113. Galinsky, A. D., Magee, J. C., Inesi, M.E., & Gruenfeld, D. H.(2006). Power and Perspectives Not Taken. *Psychological Science*, 17 (12), 1068 – 1074.

114. Galinsky, A. D., Magee, J. C., Rus, D., Rothman, N. B., & Todd, A.R.(2014). Acceleration With Steering: The Synergistic Benefits of Combining Power and Perspective-Taking. *Social Psychological and Personality Science*, 5(6), 627 – 635.

115. Galinsky, A. D., Rucker, D. D. & Magee. J. (2015). Power: Past findings, present considerations, and future directions. In M. Mikulincer & P. R. Shaver (Eds.), *APA handbook of personality and social psychology: Vol. 3: Interpersonal relations*. Washington, DC: American Psychological Association, 421 – 460.

116. Galván, A., & McGlennen, K. M. (2012). Daily stress increases risky decision-making in adolescents: A preliminary study. *Developmental Psychobiology*, 54(4), 433 – 440.

117. Gelfand, M.J., & Realo, A.(1999). Individualism-collectivism and accountability in intergroup negotiations. *Journal of Applied Psychology*, 84(5), 721 – 736.

118. Georgesen, J. C., & Harris, M. J. (1998). Why's my boss always holding me down? A meta-analysis of power effects on performance evaluations. *Personality and Social Psychological Review*, 2(3), 184 – 195.

119. Giessner, S. R., & Schubert, T. W. (2007). High in the hierarchy: How vertical location and judgments of leaders' power are interrelated. *Organizational Behavior and Human Decision Processes*, 104(1), 30-44.

120. Gollwitzer, P. M., Heckhausen, H., & Steller, B. (1990). Deliberative and implemental mind-sets: Cognitive tuning toward congruous thoughts and information. *Journal of Personality and Social Psychology*, 59(6), 1119-1127.

121. Goodwin, S. A., Gubin, A., Fiske, S. T., & Yzerbyt, V. Y. (2000). Power can bias impression processes: Stereotyping subordinates by default and by design. *Group Processes and Intergroup Relations*, 3(3), 227-256.

122. Gruenfeld, D. H., & Inesi, M. E. (2008). Power and the Objectification of Social Targets. *Journal of Personality and Social Psychology*. 95 (1), 111-127.

123. Guinote, A. (2007a). Behaviour variability and the Situated Focus Theory of Power. *European Review of Social Psychology*, 18(1), 256-295.

124. Guinote, A. (2007b). Power affects basic cognition: Increased attentional inhibition and flexibility. *Journal of Experimental Social Psychology*, 43(5), 685-697.

125. Guinote, A. (2007d). Power and the suppression of unwanted thoughts: Does control over others decrease control over the self? *Journal of Experimental Social Psychology*, 43(3), 433-440.

126. Guinote, A., and Phillips, A. (2010). Power can increase stereotyping. *Social Psychology*, 41(1), 3-9.

127. Haidt, J., & Rodin, J. (1999). Control and efficacy as interdisciplinary bridges. *Review of General Psychology*, 3(4), 317-337.

128. Harinck, F., van Dijk, E., Beest, I. V., & Mersmann, P. (2007). When Gains Loom Larger Than Losses-Reversed Loss Aversion for Small Amounts of Money. *Association for Psychological Science*, 18

(12), 1099 – 1105.

129. Harkness, A. R., DeBono, K. G., & Borgida, E. (1985). Personal involvement and strategies for making contingency judgments: A stake in the dating game makes a difference. *Journal of Personality and Social Psychology*, 49(1), 22 – 32.

130. Hass, R. G. (1984). Perspective taking and self-awareness: Drawing an E on your forehead. *Journal of Personality and Social Psychology*, 46(4), 788 – 798.

131. Hastie, R. (2001). Problems for judgment and decision making. *Annual Review of Psychology*, 52, 653 – 683.

132. Hayes, A. (2013). Introduction to mediation, moderation, and conditional process analysis. *Journal of Educational Measurement*, 51(3), 335 – 337.

133. Hayward, M. L. A., & Hambrick, D. C. (1997). Explaining the premiums paid for large acquisitions: Evidence of CEO hubris. *Administrative Science Quarterly*, 42(1), 103 – 127.

134. Hiemer, J., Abele, A. E. (2012). High power = Motivation? Low power = Situation? The impact of power, power stability and power motivation on risk-taking, *Personality and Individual Differences*. 53(4), 486 – 490.

135. Higgins, E. T. (1997). Beyond pleasure and pain. *American Psychologist*, 52(12), 1280 – 1300.

136. Hogeveen, J., Inzlicht, M., & Obhi, S. S. (2014). Power changes how the brain responds to others. *Journal of Experimental Psychology General*, 143(2), 755 – 762.

137. Hollander, E. P. (1985). Leadership and power. In G. Lindzey & E. Aronson (Eds.), The handbook of social psychology (2nd ed., Vol. 2, pp. 485 – 538). New York: *Random House*.

138. Huang, L., Galinsky, A. D., Gruenfeld, D. H., & Guillory, L. E. (2011). Powerful postures versus powerful roles: Which is the proximate correlate of thought and behavior? *Psychological Science*, 22

(1), 95–102.

139. Idson, L. C., Liberman, N., & Higgins, E. T. A. (2000). Distinguishing gains from nonlosses and losses from nongains: A regulatory focus perspective on hedonic intensity. *Journal of Experimental Social Psychology*, 36(3), 252–274.

140. Inesi, M. E. (2010). Power and loss aversion. *Organizational Behavior and Human Decision Processes*, 112(1), 58–69.

141. Isen, A. M., & Patrick, R. (1983). The effect of positive feelings on risk taking: when the chips are down. *Organizational Behavior and Human Performance*, 31(2), 194–202.

142. Johnson, E. J., & Tversky, A.(1983). Affect, generalization, and the perception of risk. *Journal of personality and Social psychology*, 45(1), 20–31.

143. Johnson, S. B., Dariotis, J. K., & Wang, C. (2012). Adolescent risk taking under stressed and nonstressed conditions: Conservative, calculating, and impulsive types. *Journal of Adolescent Health*, 51(2 Suppl), S34–S40.

144. Jordan, J., Sivanathan, N., & Galinsky, A. D. (2011). Something to Lose and Nothing to Gain: The Role of Stress in the Interactive Effect of Power and Stability on Risk Taking. *Administrative Science Quarterly*, 56(4), 530–558.

145. Joshi, P.D., & Fast, N.J. (2013).Power and Reduced Temporal Discounting. *Psychological Science*, 24(4), 432–438.

146. Julio, B., & Yook, Y. (2012). Political uncertainty and corporate investment cycles. *The Journal of Finance*, 67(1), 45–83.

147. Kahneman, D., & Tversky, A. (1979). Prospect theory: An analysis of decision under risk. *Econometrica*, 47(2), 263–291.

148. Kahneman, D., & Tversky, A. (2000). Choices, Values and Frames. UK: Cambridge University Press, Cambridge.

149. Kanter, R., M.(1977).Men and women of the corporation. New York, *Basic books*.

150. Kark, R., & Dijk, D. V.(2007). Motivation to lead, motivation to follow: The role of the self-regulatory focus in leadership process. *Academy of Management Review*, 32(2), 500-528.

151. Keltner, D., & Robinson, R. J. (1997). Defending the status quo: Power and bias in social conflict. *Personality and Social Psychology Bulletin*, 23, 1066-1077.

152. Keltner, D., Gruenfeld, D. H., & Anderson, C. (2003). Power, approach, and inhibition. *Psychological Review*, 110(2), 265-284.

153. Keshet, S., Kark, R., Pomerantz-Zorin, L., Koslowsky, M., & Schwarzwald, J. (2006). Gender, status and the use of power strategies. *European Journal of Social Psychology*, 36(1), 105-117.

154. Kifer, Y., Heller, D., Perunovic, W. Q. E., & Galinsky, A. D. (2013). The good life of the powerful: The experience of power and authenticity enhances subjective well-being. *Psychological Science*, 24(3), 280-288.

155. Kim J., Shin Y., & Lee S. (2017). Built on Stone or Sand: The Stable Powerful Are Unethical, the Unstable Powerful Are Not . *Journal of Business Ethics*, 144(2), 437-447.

156. Kipnis, D. (1972). Does power corrupt? *Journal of Personality and Social Psychology*, 24, 33-41.

157. Kipnis, D. (1976). The powerholders. Chicago, IL: *University of Chicago Press*.

158. Kish - Gephart, J. J., Detert, J. R., Treviño, L. K., & Edmondson, A. C. (2009). Silenced by fear: The nature, sources, and consequences of fear at work. *Research in Organizational Behavior*, 29, 163-193.

159. Knight, F. H.(1921).Risk, uncertainty and profit. New York, NY: Schaffner and Marx.

160. Koslowsky M., & Schwarzwald J., (1993). The use of power tactics to gain compliance: Testing aspects of Raven's(1988) Theory in conflictual situations. *Social Behavior & Personality An International*

Journal, 21(2), 135–143.

161. Kowert, P. A., & Hermann, M. G. (1997). Who takes risks? Daring and caution in foreign policy making. *Journal of conflict Resolution*, 41(5), 611–637.

162. Kruger, D. J., Wang, X. T., & WILKE, A. (2007). Towards the development of an evolutionarily valid domain-specific risk-taking scale. *Evolutionary Psychology*, 5(3), 555–568.

163. Kuehn, M. M., Chen, S., & Gordon, A. M. (2015). Having a thicker skin: Social power buffers the negative effects of social rejection. *Social Psychological and Personality Science*, 6(6), 701–709.

164. Lammers, J., Galinsky, A. D., Gordijn, E. H., & Otten, S. (2008). Illegitimacy moderates the effects of power on approach. *Psychological Science*, 19(6), 558–564.

165. Lammers, J., Galinsky, A. D., Gordijn, E. H., & Otten, S. (2012). Power increases social distance. *Social Psychological and Personality Science*, 3(3), 282–290.

166. Lammers, J., Stapel, D. A. (2009). How Power Influences Moral Thinking. *Journal of Personality and Social Psychology*, 97(2), 279–289.

167. Lammers, J., Stapel, D. A., & Galinsky, A. D. (2010). Power Increases Hypocrisy: Moralizing in Reasoning, Immorality in Behavior. *Psychological Science*, 21(5), 737–744.

168. Lammers, J., Stoker, J. I., & Stapel, D. A. (2009). Differentiating social and personal power: opposite effects on stereotyping, but parallel effects on behavioral approach tendencies. *Psychological Science*, 20(12), 1543–1549.

169. Landier, A. & D. Thesmar. (2005). Financial Contracting with Optimistic Entrepreneurs: Theory and Evidence. Working Paper. University of Chicago.

170. Lejuez, C. W., read, J. P., Kahler, C. W. Richards, J. B., Ramsey, S. E., Stuart, G. L., Strong, D. R., & Brown, R. A. (2002).

Evaluation of a behavioral measure of risk taking: The Balloon Analogue Risk Task (BART). *Journal of Experimental Psychology: Applied*, 8(2), 75–84.

171. Lermer, E., Streicher, B., Sachs, R., Raue, M., & Frey, D. (2015). Thinking concretely increase the perceived likelihood of risks: The effect of construal level on risk estimation. *Risk Analysis*, 36(3), 623–637.

172. Lerner, J. S., & Keltner, D. (2001). Fear, anger, and risk. *Journal of Personality and Social Psychology*, 81(1), 146–159.

173. Lerner, J. S., & Tetlock, P. E. (1999). Accounting for the effects of accountability. *Psychological Bulletin*, 125(2), 255–275.

174. Levin, I. P., Schneider, S. L., & Gaeth G J. (1998). All Frames Are Not Created Equal: A Typology and Critical Analysis of Framing Effects. *Organizational Behavior and Human Decision Processes*, 76(2), 149–188.

175. Levin, I., & Gaeth, G. E. (1988), How Consumers are Affected by the framing of Attribute Information before and after Consuming the Product. *Journal of Consumer Research*, 15, 374–378.

176. Li, J.-Z., Li, S., Wang, W.-Z., Rao, L.-L., & Liu, H. (2011). Are people always more risk averse after disasters? Surveys after a heavy snow-hit and a major earthquake in China in 2008. *Applied Cognitive Psychology*, 25, 104–111.

177. Li, S.(1998). Can the conditions governing the framing effect be determined? *Journal of Economic Psychology*, 19(1), 133–53.

178. Li, S., & Liu, C. J. (2008). Individual differences in a switch from risk-averse preferences for gains to risk-seeking preferences for losses: can personality variables predict the risk preferences? *Journal of Risk Research*, 11(5), 673–686.

179. Li, S., Bi, Y.-L., & Rao, L.-L.(2011). Every Science/Nature potter praises his own pot-Can we believe what he says based on his mother tongue? *Journal of Cross-Cultural Psychology*, 42, 125–130.

180. Li, S., Bi, Y.-L., & Zhang, Y.(2009). Asian risk seeking and

overconfidence. *Journal of Applied Social Psychology*, 39, 2706 – 2735.

181. Lichtenstein, S. & Slovic, P. (1971). Reversal of Preference Between Bid sand Choices in Gambling Decision. *Journal of Experimental Psychology*, 89(1), 46 – 55.

182. Lin, Y. h., Hu, S. y., & Chen, M. S. (2005). Managerial optimism and corporate investment: Some empirical evidence from Taiwan. *Pacific Basin Finance Journal*, 13, 523 – 546.

183. Loewenstein, G., Weber, E., Hsee, C., & Welch, N. (2001). Risk as feelings. *Psychological Bulletin*, 127(2), 267 – 286.

184. Lopes, L. L. (1987). Between hope and fear: The psychology of risk. *Advances in Experimental Social Psychology*, 20, 255 – 295.

185. Lu, J., & Xie, X.(2014). To change or not to change: A matter of decision maker's role. *Organizational Behavior and Human Decision Processes*, 124, 47 – 55.

186. Lu, J., Jia, H., Xie, X., & Wang, Q.(2016).Missing the best opportunity; who can seize the next one? Agents show less inaction inertia than personal decision makers. *Journal of Economic Psychology*, 54, 100 – 112.

187. Magee, J. C., & Frasier, C.W.(2014). Status and Power: The Principal Inputs to Influence for Public Managers. *Public Administration Review*, 74(3), 307 – 317.

188. Magee, J. C., & Smith, P. K. (2013). The Social Distance Theory of Power. *Personality and Social Psychology Review*, 17(2), 158 – 186.

189. Magee, J. C., Galinsky, A. D., & Gruenfeld, D. H. (2007). Power, propensity to negotiate, and moving first in competitive interactions. *Personality and Social Psychology Bulletin*, 33 (2), 200 – 212.

190. Magee, J. C., Gruenfeld, D. H., Keltner, D. J., & Galinsky, A. D. (2005), The Psychology of Leadership-New Perspectives and Research, Mahwah, N. J.: *L. Erlbaum Associates*.

191. Magee, J. C., Milliken, F. J., & Lurie, A. R. (2010). Power

differences in the construal of a crisis: The immediate aftermath of September 11, 2001. *Personality and Social Psychology Bulletin*, 36(3), 354–370.

192. Magee, J.C., & Langner, C.A. (2008). How personalized and socialized power motivation facilitate antisocial and prosocial decision-making. *Journal of Research in Personality*, 42(6), 1547–1559.

193. Malmendie, U. & Tate, G.. (2005). CEO over confidence and corporate investment. *The Journal of Finance*, 60(6), 2661–2700.

194. Maner, J. K, Gailiot, M.T, Butz, D & Peruche, B. M.(2007). Power, Risk and the Status Quo: Does Power Promote Riskier or More Conservative Decision Making? *Personality and Social Psychology Bulletin*, 33(4), 451–462.

195. Maner, J. K., Gailliot, M. T., Menzel, A. J., & Kunstman, J. W. (2012). Dispositional anxiety blocks the psychological effects of power. *Personality and Social Psychology Bulletin*, 38(11), 1383–1395.

196. Maner, J. K, & Mead, N. L. (2010). The Essential Tension Between Leadership and Power: When Leaders Sacrifice Group Goals for the Sake of Self-Interest. *Journal of Personality and Social Psychology*, 99(3), 482–497.

197. Marmot, M. G., Shipley, M. J., & Rose, G. (1984). Inequalities in death: Specific explanations of a general pattern? *Lancet*, 1, 1003–1006.

198. Martorana, P. V., Galinsky, A.D., & Rao, H.(2005). From system justification to system condemnation: Antecedents of attempts to change power hierarchies. In M. A. Neale, E. A. Mannix, & M. Thomas-Hunt(Eds.), Research on managing groups and teams: vol.7. Status and groups(pp. 283–313).Greenwich, CT: *JAI Press*.

199. McClelland, D.C. (1975). Power: The inner experience. Oxford, England: lrvington.

200. McNeil, B.J., Pauker, S.G., Sox, Jr., & Tversky, A. (1982). On the Elicitation of Preferences for Alternative Therapies. *the New England Journal of Medicine*, 306(21): 1259–1262.

201. Mead, N. L., Maner, J. K. (2012). On Keeping Your Enemies Close: Powerful Leaders Seek Proximity to Ingroup Power Threats. *Journal of Personality and Social Psychology*, 102(3), 576–591.

202. Miller, D. T., Norman, S. A., & Wright, E. (1978). Distortion in person perception as a consequence of the need for effective control. *Journal of Personality and Social Psychology*, 36, 598–607.

203. Mooijman, M., Dijk, W. W. v, Ellemers, N., & van Dijk, E. (2015). Why Leaders Punish: A Power Perspective. *Journal of Personality and Social Psychology*, 109(1), 75–89.

204. Nicholson, N., Soane, E., Fenton-O'Creevy, M., & Willman, P. (2005). Personality and domain-specific risk taking. *Journal of Risk Research*, 8(2), 157–176.

205. Overbeck, J. R., & Park, B. (2001). When power does not corrupt: Superior individuation processes among powerful perceivers. *Journal of Personality and Social Psychology*, 81, 549–565.

206. Overbeck, J. R., & Park, B. (2006). Powerful perceivers, powerless objects: Flexibility of power holders' social attention. *Organizational Behavior and Human Decision Processes*, 99, 227–243.

207. Paolini, S., Crisp, R. J., & McIntyre, K. (2009). Accountability moderates member-to-group generalization: Testing a dual process model of stereotype change. *Journal of Experimental Social Psychology*, 45(4), 676–685.

208. Paolini, S., Crisp, R. J., & McIntyre, K. (2009). Accountability moderates member-to-group generalization: Testing a dual process model of stereotype change. *Journal of Experimental Social Psychology*, 45, 676–685.

209. Pfeffer, J. (1992). Managing with power. Cambridge, MA: Harvard Business School Press.

210. Pfeffer, J., Cialdini, R., Hanna, B., & Knopoff, K. (1998). Faith in supervision and the selfenhancement bias: Two psychological reasons why managers don't empower workers. *Basic and Applied*

Psychology, 20, 313 – 321.

211. Polman, E. (2012). Self-other decision making and loss aversion. *Organizational Behavior and Human Decision Processes*, 119, 141 – 150.

212. Preacher, K. J., & Hayes, A. F. (2004) SPSS and SAS Procedures for Estimating Indirect Effects in Simple Mediation Models. *Behavior Research Methods, Instruments, & Computers*, 36, 717 – 731.

213. Raghunathan, R., & Pham, M. T. (1999). All negative moods are not equal: motivational influences of anxiety and sadness on decision making. *Organizational Behavior and Human Decision Processes*, 79(1), 56 – 77.

214. Reeder, G. D., Vonk, R. Rolll, M. Ham, J. & Lawrence, M. (2004). Dispositional attribution: Multiple inferences about motive-related traits. *Journal of Personality and Social Psychology*, 86, 530 – 544.

215. Rowe, A. J., Boulgarides, J. D. (1983). Decision Styles: A Perspective. *Leadership & Organization Development Journal*, 4(4), 5 – 9.

216. Rucker, D. D., Galinsky, A. D., & Dubois, D. (2012). Power and consumer behavior: How power shapes who and what consumers value. *Journal of Consumer Psychology*, 22(3), 352 – 368.

217. Sapolsky, R. M. (2005). The influence of social hierarchy on primate health. *Science*, 308, 648 – 652.

218. Scheepers, D., Ellemers, N., & Sassenber, K. (2013). Power in group contexts: The influence of group status on promotion and prevention decision making. *British Journal of Social Psychology*, 52(2), 238 – 254.

219. Schmid Mast, M., Jonas, K., & Hall, JA. (2009). Give a person power and he or she will show interpersonal sensitivity: The phenomenon and its why and when. *Journal of Personality and Social Psychology*, 97(5), 835 – 850.

220. Schmid, P. C., & Schmid Mast, M. (2013). Power increases performance in a social evaluation situation as a result of decreased stress responses. *European Journal of Social Psychology*, 43, 201 – 211.

221. Schubert, T. W., Waldzus, S., & Giessner, S. R. (2009). Control over the association of power and size. *Social Cognition*, 27(1), 1 – 19.

222. Schwarz, N. (2000). Emotion, cognition, and decision-making. *Cognition and Emotion*, 14, 433 – 440.

223. Sedikides, C., Herbst, K. C., Hardin, D. P., & Dardis, G. J. (2002). Accountability as a deterrent to self-enhancement: The search for mechanisms. *Journal of Personality and Social Psychology*, 83(3), 592 – 605.

224. Semin, G. R., & Manstead, A. S. R.(1983).The accountability of conduct: A social psychological analysis. NewYork: *Academic Press*.

225. Simon, H. A. (1990). Invariants of human behavior. *Annual Review of Psychology*, 41, 1 – 19.

226. Sligte, D. J., de Dreu, C. K. W., & Nijstad, B. A. (2011). Power, stability of power, and creativity. *Journal of Experimental Social Psychology*, 47(5), 891 – 897.

227. Slovic P. (1964). Assessment of risk-taking behavior. *Psychological Bulletin*, 61(3), 220 – 233.

228. Slovic, P. (2002). Rational actors or rational fools: implications of the affect heuristic for behavioral economics. *Journal of Socio-Economics*, 31, 329 – 342.

229. Smith, P. K., & Bargh, J. A. (2008). Nonconscious effects of power on basic approach and avoidance tendencies. *Social Cognition*, 26(1), 1 – 24.

230. Smith, P. K., & Trope, Y.(2006). You Focus on the Forest When You're in Charge of the Trees: Power Priming and Abstract Information Processing. *Journal of Personality and Social Psychology*. 90(4), 578 – 596.

231. Smith, P. K., Dijksterhuis, A., & Wigboldus, D. H. J. (2008). Powerful people make good decisions even when they consciously think. *Psychological Science*, 19(12), 1258 – 1259.

232. Smith, P. K., Jostmann, N. B., Galinsky, A. D., & Dijk, W. W.v. (2008).Lacking Power Impairs Executive Functions. *Psychological*

Science, 19(5), 441-447.

233. Starcke, K., Wolf, O. T., Markowitsch, H. J., & Brand, M. (2008). Anticipatory stress influences decision making under explicit risk conditions. *Behavioral Neuroscience*, 122(6), 1352-1360.

234. Sun, Q., Liu, Y., Zhang, H., & Lu, J.(2017).Increased social distance makes people more risk-neutral. *The Journal of Social Psychology*, 157(4), 502-513.

235. Tervsky A, & Kahneman D(1958). The Framing of Decision and the Psychology of Choice. *Science*, 211, 453-458.

236. Tetlock, P. E. (1985). Accountability: The Neglected Social Context of Judgment and Choice. *Research in Organizational Behavior*, 7 (1): 297-332.

237. Tetlock, P. E. (2002). Social-functionalist metaphors for judgment and choice: The politician, theologian, and prosecutor. *Psychological Review*, 109, 451-472.

238. Tetlock, P. E.(1992).The impact of accountability on judgment and choice: Toward a social contingency model. *Advances in Experimental Social Psychology*, 25, 331-376.

239. Thaler, R. H. (1999). Mental accounting matters. *Journal of Behavioral Decision Making*, 12, 241-268.

240. Tiedens, L.Z., & Linton, S. (2001). Judgment under emotional certainty and uncertainty: The effects of specific emotions on information processing. *Journal of Personality and Social Psychology*, 81, 973-988.

241. Torelli, C.J., & Shavitt, S. (2010). Culture and concepts of power. *Journal of Personality and Social Psychology*, 99(4), 703-23.

242. Trope, Y., Liberman, N. (2010). Construal-Level Theory of Psychological Distance, *Psychological Review*, 117(2), 440-463.

243. Tversky, A., Kahneman, D., (1981). The Framing of Decisions and The Psychology of Choice. *Science*, 211(1), 453-454.

244. Tversky, A., Kahneman, D., (1991). Loss Aversion in Riskless Choice: A Reference-Dependent Model. *Quarterly Journal of Economics*,

106(4), 1039 – 1061.

245. Twenge, J. M., Catanese, K. R., & Baumeister, R. F. (2002). Social exclusion causes self-defeating behavior. *Journal of Personality and Social Psychology*, 83, 606 – 615.

246. Weber, E. U., Blais, A. R., & Betz, N. E. (2002). A domain-specific risk-attitude scale: Measuring risk perceptions and risk behaviors. *Journal of Behavioral Decision Making*, 15(4), 263 – 290.

247. Weick, M., & Guinote, A. (2010). Power biases time predictions. *Journal of Experimental Social Psychology*, 46, 595 – 604.

248. Weller, J. A., & Thulin, E. W. (2012). Do honest people take fewer risks? Personality correlates of risk-taking to achieve gains and avoid losses in HEXACO space. *Personality and individual differences*, 53(7), 923 – 926.

249. White, K., Macdonnell, R., & Dahl D. W. (2011). It's the mind-set that matters: The role of construal level and message framing in influencing consumer efficacy and conservation behaviors. *Journal of Marketing Research*, 48(3), 472 – 485.

250. Winter, D. G., & Barenbaum, N. B. (1985). Responsibility and the power motive in men and women. *Journal of Personality and Social Psychology*, 53, 335 – 355.

251. Wisse, B. & Rus, D. (2012). Leader Self-Concept and Self-Interested Behavior: The Moderating Role of Power. *Journal of Personnel Psychology*, 11(1), 40 – 48.

252. Wojciszke, B., & Struzynska-Kujalowicz, A. (2007). Power influence self-esteem. *Social Cognition*, 25, 472 – 494.

253. Yates, J.F., & Stone, E.R. (1992). The Risk Construct. *Risk-taking Behavior*, 1 – 25.

254. Yerkes, R M., Dodson, J D. (1908). The relation of strength of stimulus to rapidity of habit-formation. *Journal of Comparative Neurology and Psychology*, 18, 459 – 482.

255. Yuen, K. S. L., & Lee, T. M.(2003) Could mood state affect

risk-taking decision. *Journal of Affeetive Disorders*, 75, 11 - 18.

256. Zaal, M. P., van Laar, C., Ståhl, T., Ellemers, N., & Derks, B. (2011). By any means necessary: The effects of regulatory focus and moral conviction on hostile and benevolent forms of collective action. *British Journal of Social Psychology*, 50(4), 670 - 689.

257. Zhang, X., Li, S., Liu Y., Chen, X., Shang, X., Qi, F., Wang, X., Guo, X., & Chen, J. (2019). Gain-loss situation modulates neural responses to self-other decision making under risk. *Scientific Reports*, 9(1), 632.

258. Zhong, C.-B., Magee, J. C., Maddux, W. W., & Galinsky, A. D. (2006). Power, Culture, and Action: Considerations in the Expression and Enactment of Power in East Asian and Western Societies in Ya-Ru Chen (ed.), National Culture and Groups (Research on Managing Groups and Teams, volume 9), Emerald Group Publishing Limited, 53 - 73.

259. Ziegler, F. V., & Tunney, R. J. (2015). Who's been framed? Framing effects are reduced in financial gambles made for others. *BMC Psychology*, 3(1), 9.

附　　录

附录 1　风险决策问卷

1. 本单位打算做一些投资,现有两种投资方案可供选择：选择方案 A,能盈利 500 万；选择方案 B,50%的可能盈利 1 000 万,50%的可能一无所获。您会在方案 A 和 B 中选择哪一项？　　　　　　方案 A □；方案 B □

2. 本单位有一个经营项目,目前有所获利。由于市场环境变化,专家们对该行业未来走势做出了不同预测,有的分析形势很好,有的分析会面临考验。现有两种选择：选择方案 A,将获利 600 万；选择方案 B,50%的可能会获利 1 200 万,50%的可能一无所获。您会在方案 A 和 B 中选择哪一项？

方案 A □；方案 B □

3. 一重要网站论坛出现本单位正面宣传信息,如果采用方案 A 回应,会小幅提高关注度；如果采用方案 B 回应,50%的可能会大幅提升关注度,提高美誉度,50%的可能使正面报道逆转。您会在方案 A 和 B 中选择哪一项？　　　　　　　　　　　　　　　方案 A □；方案 B □

4. 本单位有一项目,目前进展顺利,现在有两种人事安排可供选择：方案 A,任用小张,保证能使项目考核结果达到"较好"；方案 B,任用小王,50%的可能会使项目考核结果达到"很好",但也有 50%的可能会使项目考核得到"很差"的结果。您会在方案 A 和 B 中选择哪一项？　　方案 A □；方案 B □

5. 本单位目前绩效不错,在年终班子会议上,提出今后开展工作的两种代表性方案,选择方案 A,能继续保持 5%的增长态势；选择方案 B,50%的可能会出现 10%的增长,但也有 50%的可能会因策略失误导致业绩下降。您会在方案 A 和 B 中选择哪一项？　　　　　　方案 A □；方案 B □

6. 本单位接到一项工作任务,现有两种工作方案：选择方案 A,将会 100%完成工作目标；选择方案 B,50%的可能会超额完成工作目标(超出 20%),但也有 50%的可能会因方法不完善而完不成工作目标(结果将与目标存在 20% 的差距)。您会在方案 A 和 B 中选择哪一项?

                 方案 A □;方案 B □

  7. 本单位做了一些投资,但不幸亏损,现有两种可供选择的方案。方案 A 是退出投资,直接亏损 500 万;方案 B 是继续观望,50% 的可能性会亏损 1 000 万,50% 的可能性没有任何损失。您会在方案 A 和 B 中选择哪一项?

                 方案 A □;方案 B □

  8. 本单位有一个经营项目,目前有所亏损。由于市场环境变化,专家们对该行业未来走势做出了不同预测,有的分析形势会好转,有的则分析会持续低迷。现有两种选择:选择方案 A,直接亏损 600 万;选择方案 B,50% 的可能性会亏损 1 200 万,50% 的可能性没有任何损失。您会在方案 A 和 B 中选择哪一项?

                 方案 A □;方案 B □

  9. 一重要网站论坛出现本单位负面舆情,如果采用方案 A 应对,负面舆情传播会小幅扩大;如果采用方案 B 应对,50% 的可能性会控制负面舆情传播,50% 的可能性会使负面舆情较大幅度扩大。您会在方案 A 和 B 中选择哪一项?

                 方案 A □;方案 B □

  10. 本单位有一项目,目前进展不顺,现在有两种人事安排可供选择:方案 A,任用小张,将使项目考核得到"较差"的结果;方案 B,任用小王,50% 的可能会使项目考核结果达到"较好",但也有 50% 的可能会使项目考核得到"很差"的结果。您会在方案 A 和 B 中选择哪一项?

                 方案 A □;方案 B □

  11. 本单位目前绩效下滑,在年终班子会议上,提出今后开展工作的两种代表性方案,采用方案 A,绩效将保持 5% 的下滑态势;采用方案 B,50% 的可能性会挽回颓势,50% 的可能性绩效将以 10% 的速度下滑。您会在方案 A 和 B 中选择哪一项?

                 方案 A □;方案 B □

  12. 本单位接到一项工作任务,这项任务非常难,现有两种工作方案:采用方案 A,结果将会与工作目标存在 20% 的差距;采用方案 B,50% 的可能会完成工作目标,但也有 50% 的可能会因方法不完善,导致结果距工作目标 40% 的差距。您会在方案 A 和 B 中选择哪一项?

                 方案 A □;方案 B □

附录 2 特质权力感问卷

  请回忆自己的真实生活经历,或是与他人的相处关系,根据自己的真实感受填写下面的内容,在相应的数字上打"√"或画圈。

1. 在与人交谈或讨论的时候,我总是能够使他人聆听我的意见。

① 完全不符合　② 不符合　③ 有点不符合　④ 不确定　⑤ 有点符合　⑥ 符合　⑦ 完全符合

2. 我认为我的愿望难以改变目前状况。

① 完全不符合　② 不符合　③ 有点不符合　④ 不确定　⑤ 有点符合　⑥ 符合　⑦ 完全符合

3. 我总是能够找到有效的资源和途径来实现目标。

① 完全不符合　② 不符合　③ 有点不符合　④ 不确定　⑤ 有点符合　⑥ 符合　⑦ 完全符合

4. 尽管我努力去说服,但我的观点仍然没有什么影响力。

① 完全不符合　② 不符合　③ 有点不符合　④ 不确定　⑤ 有点符合　⑥ 符合　⑦ 完全符合

5. 我认为我有较大的影响力。

① 完全不符合　② 不符合　③ 有点不符合　④ 不确定　⑤ 有点符合　⑥ 符合　⑦ 完全符合

6. 我的想法和观点经常被大家忽视。

① 完全不符合　② 不符合　③ 有点不符合　④ 不确定　⑤ 有点符合　⑥ 符合　⑦ 完全符合

7. 即使我努力尝试,我也很难得到我想要的东西。

① 完全不符合　② 不符合　③ 有点不符合　④ 不确定　⑤ 有点符合　⑥ 符合　⑦ 完全符合

8. 我常常能成为做决定的那个人。

① 全不符合　② 不符合　③ 有点不符合　④ 不确定　⑤ 有点符合　⑥ 符合　⑦ 完全符合

附录3　权力动机问卷

请您根据自己的真实情况,判断对以下行为或情境的"同意程度"。

1. 我喜欢发号施令、指挥工作。
① 非常不同意　② 较不同意　③ 不确定　④ 比较同意　⑤ 非常同意

2. 对他人拥有权威,这点让我很享受。
① 非常不同意　② 较不同意　③ 不确定　④ 比较同意　⑤ 非常同意

3. 当我所在的团队策划一项活动,我更愿意承担指导而不是参与帮助的角色。
① 非常不同意　② 较不同意　③ 不确定　④ 比较同意　⑤ 非常同意

4. 我愿做一个好领导。
① 非常不同意　② 较不同意　③ 不确定　④ 比较同意　⑤ 非常同意

5. 我常常是我所在团队的领头人。
① 非常不同意　② 较不同意　③ 不确定　④ 比较同意　⑤ 非常同意

6. 人们重视我的言论。
① 非常不同意　② 较不同意　③ 不确定　④ 比较同意　⑤ 非常同意

7. 我喜欢做计划,并决定团队中其他人做什么。
① 非常不同意　② 较不同意　③ 不确定　④ 比较同意　⑤ 非常同意

附录4　损失厌恶问卷

你将参与一个抛硬币的活动,如果你抛的硬币正面朝上,将会赢得一笔钱;如果反面朝上,你将会损失一笔钱。请描述一下当你赢得或损失金钱时的心情。(-9—0 表示不愉快,0—9 表示愉快,数字大小表示愉快/不愉快的程度,"-9"表示非常不愉快,"9"表示非常愉快,请在符合自己情绪状态的数字上打"√"。)

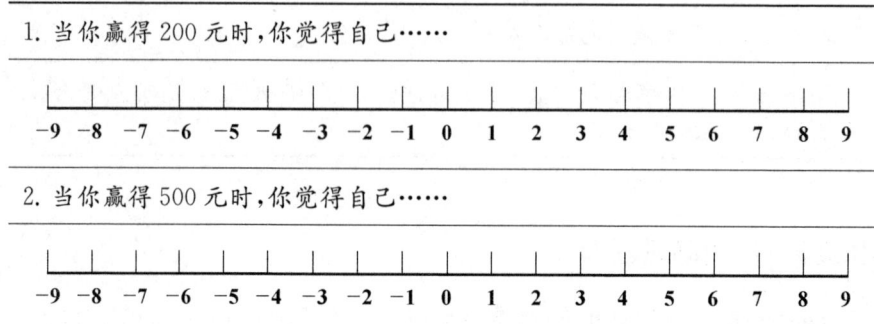

3. 当你赢得1 000元时,你觉得自己……

-9 -8 -7 -6 -5 -4 -3 -2 -1 0 1 2 3 4 5 6 7 8 9

4. 当你赢得3 000元时,你觉得自己……

-9 -8 -7 -6 -5 -4 -3 -2 -1 0 1 2 3 4 5 6 7 8 9

5. 当你赢得5 000元时,你觉得自己……

-9 -8 -7 -6 -5 -4 -3 -2 -1 0 1 2 3 4 5 6 7 8 9

6. 当你损失200元时,你觉得自己……

-9 -8 -7 -6 -5 -4 -3 -2 -1 0 1 2 3 4 5 6 7 8 9

7. 当你损失500元时,你觉得自己……

-9 -8 -7 -6 -5 -4 -3 -2 -1 0 1 2 3 4 5 6 7 8 9

8. 当你损失1 000元时,你觉得自己……

-9 -8 -7 -6 -5 -4 -3 -2 -1 0 1 2 3 4 5 6 7 8 9

9. 当你损失3 000元时,你觉得自己……

-9 -8 -7 -6 -5 -4 -3 -2 -1 0 1 2 3 4 5 6 7 8 9

10. 当你损失5 000元时,你觉得自己……

-9 -8 -7 -6 -5 -4 -3 -2 -1 0 1 2 3 4 5 6 7 8 9

附录5 CPM领导行为评价量表

目标达成(P):

1. 我能在工作中能提出独创性的主意和计划

2. 当情况发生变化时，我能灵活地采取应变措施
3. 当需要作出决策时，我敢于拍板
4. 我严格对待完成任务的期限
5. 当下级工作中面临困难时，我能有效地指导

团体维系(M)：
6. 我能客观地评价下属的工作成果
7. 当工作出了问题时，我对下级没有不恰当的责备
8. 我能体谅部下工作中的难处，并在可能范围内给予考虑
9. 我能公平地对待下级
10. 我对部下的工作能给予支持

个人品德(C)：
11. 我不给人穿小鞋，不搞打击报复
12. 我能任人唯贤，不嫉贤妒能
13. 我能先人之苦，后人之乐
14. 我能克己奉公，把单位利益置于个人利益之上
15. 我不搞宗派主义

附录6　高权力感启动方法(回忆法)

指　导　语

您好！非常感谢您参加我们的实验。请认真阅读指导语，按照具体要求认真作答。

请回忆您在工作或学习中经历过的能够控制他人或者能够评价他人、影响他人的事件，在回忆过程中需要详述所经历事件的具体细节(如涉及的相关人物、任务的安排，职责的分配等)，以及您发挥的作用、采取的行动和感受。(200—300字)

该活动过程中的角色让我感觉自己有能力指导并影响他人。

① 完全不正确 ② 不正确 ③ 比较不正确 ④ 不确定 ⑤ 比较正确 ⑥ 正确 ⑦ 完全正确

该活动过程中的角色让我感觉自己可以不受他人的控制和影响。

① 完全不正确 ② 不正确 ③ 比较不正确 ④ 不确定 ⑤ 比较正确 ⑥ 正确 ⑦ 完全正确

附录7 低权力感启动方法(回忆法)

指 导 语

你好！非常感谢你参加我们的实验。请认真阅读指导语，按照具体要求认真作答。

请回忆你在工作或生活中经历过的被其他人领导或被他人评价的事情，在回忆过程中需要详述所经历事件的具体细节（如你是如何被他人领导、控制、管理或评价的），以及你的感受。（200—300字）

该活动过程中的角色让我感觉自己有能力指导并影响他人。

① 完全不正确　② 不正确　③ 比较不正确　④ 不确定　⑤ 比较正确　⑥ 正确　⑦ 完全正确

该活动过程中的角色让我感觉自己可以不受他人的控制和影响。

① 完全不正确　② 不正确　③ 比较不正确　④ 不确定　⑤ 比较正确　⑥ 正确　⑦ 完全正确

附录8　高权力感启动法(角色分配＋组织结构图)

指　导　语

尊敬的先生/女士：

您好！

非常感谢您参加本次研究！今天我们将要与其他被试一起完成一项任务,您在本次活动任务中担任领导者角色,您的权力较大,掌握比较多且重要的资源,控制活动运行,指导小组其他成员,而且您不受他人评价和影响……您的角色如下组织结构图所示。在正式活动开始之前,请先填写一下您对这个角色分配的评价。

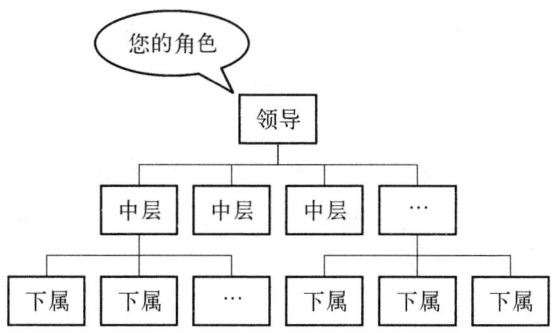

该角色分配让我感觉自己有能力指导并影响他人。
① 完全不正确　② 不正确　③ 比较不正确　④ 不确定　⑤ 比较正确　⑥ 正确　⑦ 完全正确

该角色分配让我感觉自己可以不受他人的控制和影响。
① 完全不正确　② 不正确　③ 比较不正确　④ 不确定　⑤ 比较正确　⑥ 正确　⑦ 完全正确

附录9　低权力感启动法(角色分配＋组织结构图)

指　导　语

尊敬的先生/女士：

你好！

非常感谢你参加本次研究！今天我们将要与其他被试一起完成一项任务,你在本次活动任务中担任下属角色,你受上级领导控制和指导,需要将任务进展和活动过程及时向领导汇报,接受上级领导的评估和考核……你的角色如下组织结构图所示。在正式活动开始之前,请先填写一下你对这个角色分配的评价。

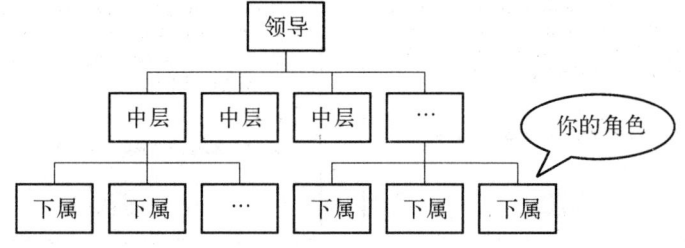

该角色分配让我感觉自己有能力指导并影响他人。

① 完全不正确　② 不正确　③ 比较不正确　④ 不确定　⑤ 比较正确　⑥ 正确　⑦ 完全正确

该角色分配让我感觉自己可以不受他人的控制和影响。

① 完全不正确　② 不正确　③ 比较不正确　④ 不确定　⑤ 比较正确　⑥ 正确　⑦ 完全正确

附录10　得失框架下风险决策问卷计算机呈现举例

指　导　语

下面这部分测试包括12道组织决策题，每道题目都有相应的决策情景描述，并有两个可选方案，请您选出您认为最好的一种方案。

收益框架下的两个题目呈现截图如下：

- 1、本单位打算做一些投资，现有两种投资方案可供选择：选择方案A，能直接盈利500万；选择方案B，50%的可能盈利1 000万，50%的可能一无所获。
- 问题：
- 您会在方案A和B中选择哪一项？
- 方案A□；方案B□

- 3、一重要网站论坛出现本单位正面宣传信息，如果采用方案A回应，会小幅提高关注度；如果采用方案B回应，50%的可能会大幅提升关注度、提高美誉度，50%的可能使正面报道逆转。
- 问题：
- 您会在方案A和B中选择哪一项？方案A□；方案B□

损失框架下的两个题目呈现截图如下：

- 10、本单位有一项目，目前进展不顺，现在有两种人事安排可供选择：方案A，继续任用项目负责人小张，将使项目考核得到"较差"的结果；方案B，任用小王，50%的可能会使项目考核结果达到"一般"，但也有50%的可能会使项目考核得到"很差"的结果。
- 问题：
- 您会在方案A和B中选择哪一项？方案A□；方案B□

- 11、本单位目前绩效下滑，在年终班子会议上，提出今后开展工作的两种代表性方案，方案A，继续沿用当前工作部署与安排，绩效保持小幅下滑态势；方案B，采取一些改革性措施，50%的可能性会挽回颓势，50%的可能性绩效下滑更大。
- 问题：
- 您会在方案A和B中选择哪一项？方案A□；方案B□

后 记

本研究著作是在博士学位论文基础上修改完成的。对我而言,选择决策心理学的研究作为博士论文既是对博士学习生涯的一个小结,也是丰富学术经历的一次探索。研究生毕业后,我一直在上海市委党校工作,主要从事领导心理学和人才学等方面的教学科研工作。后来考入华东师范大学心理与认知科学学院,开启了边工作边读博的学习工作模式。读博期间,恰逢导师刘永芳教授主持自然科学基金面上项目"自我—他人决策差异的心理及脑机制",团队成员纷纷围绕主题选择角度进行各自研究。因为在党校工作,我又有领导心理学方面的学术积累和经验,刘老师便建议可以从权力感和决策心理角度开展博士论文写作。在研读相关文献和组会讨论的基础上,最终确定权力感与风险决策这个研究主题。

在博士论文写作和完成过程中,首先要感谢导师刘永芳教授。在读博期间,一场场组会的学术熏陶,一次次讨论的豁然开朗,刘老师言传身教,潜移默化带领我走进决策心理学这个智慧的殿堂。从论文选题、实验设计到逻辑架构,刘老师悉心指导、认真把关,从宏观理论到行文细节把握论文的质量和水平。在论文初稿完成后的每次修改,刘老师都能一针见血指出文中存在的问题和不足。正是因为刘老师要求严格、精益求精,才能使论文在盲审和答辩中顺利过关。刘老师深厚的学术功底、睿智的学术见解、缜密的逻辑思维和严谨的治学态度深深影响着我,是我治学的学术楷模。

在论文构思、写作和修改过程中,有幸得到了诸多专家老师的指导和帮助。感谢李纾研究员在论文构思和框架拟定时给予的指导!感谢王晓田教授、谢晓非教授、郭秀艳教授在论文预答辩中给予的宝贵建议!感谢何贵兵教授、周仁来教授、梁宁建教授、胡谊教授在论文答辩时给予的宝贵建议!感谢王鹏老师为我的论文出谋划策、竭尽所能分享研究经验。感谢陆静怡老师每次组会都会有醍醐灌顶的启发,毫无保留地与我分享研究文献。各位专家和老师的指导和建议使我受益匪浅。

感谢同门团队各位师兄弟姐妹王怀勇、钟俊、孙庆洲、刘毅、王修欣、孙倩、张葳、郑久华、高娟、毕玉芳、高倩云、张湘一、王晓明等对我不遗余力的鼎力相助和帮衬支持！你们的建议使论文更加完善，你们的帮助使论文写作更加顺畅！

感谢我的工作单位中共上海市委党校。在我攻读博士、论文撰写和著作出版过程中，有幸得到学校领导的关心、支持和帮助，在此表示最真挚的感谢！感谢学校相关部门，组织人事处、教务处、科研处、学员工作处等对我博士学习、论文调研和著作出版给予的支持和帮助！感谢领导科学教研部各位同事一直以来的支持和帮助！

感谢我的家人为我付出的一切！感谢父母和公公婆婆在我读博期间对我们全家生活上的照顾，你们无私的奉献、默默的支持使我没有后顾之忧，让我能更好地在工作和学业上投入时间和精力，谢谢你们，我的亲人！感谢我的先生和女儿，你们是我的心理依靠和幸福依托，也是我所有努力的动力源泉。先生虽然与我研究领域相异，无法给予我具体的研究指导，但是一直支持和鼓励我，在精神上给予我莫大的支持和力量！女儿的懂事和自觉让我感到了莫大的欣慰和幸福。谢谢你们，我的爱人！

感谢上海社会科学院出版社心理与教育编辑室主任杜颖颖老师对本书出版付出的辛勤努力！

由于学识水平有限，书中不乏谫陋浅薄之处，祈望学界专家和读者朋友包容、批评和指正！

何　琪
于上海

图书在版编目(CIP)数据

权力感与风险决策：基于得失框架的实验研究 / 何琪著 .— 上海：上海社会科学院出版社，2021
ISBN 978-7-5520-3681-7

Ⅰ.①权… Ⅱ.①何… Ⅲ.①权力—影响—风险决策—研究 Ⅳ.①C933.3

中国版本图书馆 CIP 数据核字(2021)第 179589 号

权力感与风险决策：
基于得失框架的实验研究

著　　者	何　琪
责任编辑	杜颖颖
封面设计	黄婧昉
出版发行	上海社会科学院出版社
	上海顺昌路 622 号　邮编 200025
	电话总机 021-63315947　销售热线 021-53063735
	http://www.sassp.cn　E-mail：sassp@sassp.cn
排　　版	南京展望文化发展有限公司
印　　刷	上海新文印刷厂有限公司
开　　本	710 毫米×1010 毫米　1/16
印　　张	12.5
字　　数	200 千
版　　次	2021 年 11 月第 1 版　2021 年 11 月第 1 次印刷

ISBN 978-7-5520-3681-7/C·210　　　　　　定价：49.80 元

版权所有　翻印必究